AbdelMalek BOUDRIES

Annotations sémantiques et services Web

AbdelMalek BOUDRIES

Annotations sémantiques et services Web

Éditions universitaires européennes

Mentions légales/ Imprint (applicable pour l'Allemagne seulement/ only for Germany)

Information bibliographique publiée par la Deutsche Nationalbibliothek: La Deutsche Nationalbibliothek inscrit cette publication à la Deutsche Nationalbibliografie; des données bibliographiques détaillées sont disponibles sur internet à l'adresse http://dnb.d-nb.de.
Toutes marques et noms de produits mentionnés dans ce livre demeurent sous la protection des marques, des marques déposées et des brevets, et sont des marques ou des marques déposées de leurs détenteurs respectifs. L'utilisation des marques, noms de produits, noms communs, noms commerciaux, descriptions de produits, etc, même sans qu'ils soient mentionnés de façon particulière dans ce livre ne signifie en aucune façon que ces noms peuvent être utilisés sans restriction à l'égard de la législation pour la protection des marques et des marques déposées et pourraient donc être utilisés par quiconque.

Photo de la couverture: www.ingimage.com

Editeur: Éditions universitaires européennes est une marque déposée de
Südwestdeutscher Verlag für Hochschulschriften GmbH & Co. KG
Dudweiler Landstr. 99, 66123 Sarrebruck, Allemagne
Téléphone +49 681 37 20 271-1, Fax +49 681 37 20 271-0
Email: info@editions-ue.com

Produit en Allemagne:
Schaltungsdienst Lange o.H.G., Berlin
Books on Demand GmbH, Norderstedt
Reha GmbH, Saarbrücken
Amazon Distribution GmbH, Leipzig
ISBN: 978-613-1-52951-1

Imprint (only for USA, GB)

Bibliographic information published by the Deutsche Nationalbibliothek: The Deutsche Nationalbibliothek lists this publication in the Deutsche Nationalbibliografie; detailed bibliographic data are available in the Internet at http://dnb.d-nb.de.
Any brand names and product names mentioned in this book are subject to trademark, brand or patent protection and are trademarks or registered trademarks of their respective holders. The use of brand names, product names, common names, trade names, product descriptions etc. even without a particular marking in this works is in no way to be construed to mean that such names may be regarded as unrestricted in respect of trademark and brand protection legislation and could thus be used by anyone.

Cover image: www.ingimage.com

Publisher: Éditions universitaires européennes is an imprint of the publishing house
Südwestdeutscher Verlag für Hochschulschriften GmbH & Co. KG
Dudweiler Landstr. 99, 66123 Saarbrücken, Germany
Phone +49 681 37 20 271-1, Fax +49 681 37 20 271-0
Email: info@editions-ue.com

Printed in the U.S.A.
Printed in the U.K. by (see last page)
ISBN: 978-613-1-52951-1

Dédicaces

A la mémoire de mon très cher père,

A ma très chère mère,

A mes frères et soeurs,

A ma très chère bienaimée Foufia et toute sa famille,

A mon petit adorable Ramy,

A ma petite ange Ryma,

A tous les jeunes de mon village Boumansour,

Je dédie ce modeste travail

Table des matières

i

Liste des tableaux

Table des figures

Résumé

Proclamé prochaine évolution du Web, le Web sémantique a attiré depuis ces dernières années l'attention de nombreux chercheurs. Il s'agit d'arriver à un Web intelligent, où les informations ne seraient plus stockées mais comprises par les ordinateurs afin d'apporter à l'utilisateur ce qu'il cherche vraiment. Les services Web sémantiques se situent à la convergence de deux domaines de recherche importants qui concernent les technologies de l'Internet, à savoir le Web sémantique et les Web services. Dans ce travail, après un état de l'art sur les services Web, le Web sémantique et les annotations sémantiques, nous avons étudié quelques approches d'annotations sémantiques dans le cadre des services Web. Enfin, nous avons proposé une architecture d'annotation et un algorithme de construction de requêtes sémantiques.

Mots clés : Services Web, Web sémantique, annotations sémantiques, ontologies, SOAP, UDDI, WSDL, DAML-S.

Abstract

Proclaimed the next Web evolution, the semantic Web has attracted the attention of many searchers since these last years. It concerns to arrive to an intelligent Web, were the information would be no more stored but understood by computers in order to bring to the user what he really looks for. The semantic Web services are situated at the convergence of two important research domains which concerns the internet technology, as the semantic Web and the Web services. In this work, after an art state on the Web services, the Web semantic and the semantic annotations, we have studied some semantic annotations approaches in the Web services contest. At last, we have proposed an annotation architecture and an algorithm of construction of semantic queries.

Keywords : Web services, semantic Web, semantics annotations, ontologies, SOAP, UDDI, WSDL, DAML-S.

"Contra vim mortis non est medicamen in hortis"

Proverbe latin

Introduction Générale

L ES services Web prennent leur origine dans l'informatique distribuée et dans l'avènement du Web. Le but de l'informatique distribuée est de permettre à une application sur une machine locale d'accéder à une fonction d'une autre application sur une machine distante et ce, d'une manière transparente, indépendamment des plates-formes et des langages utilisés. Jusqu'à peu de temps, les standards conçus pour la programmation distribuée étaient au nombre de trois : CORBA/IIOP *(Common Object Request Broker Architecture / Internet Inter-ORB Protocol)* soutenu par l'OMG *(Object Modeling Group)*, DCOM *(Distributed Component Object Model)* de Microsoft et RMI *(Remote Method Invocation)* de Sun. Ces modèles sont complexes, peu compatibles, et difficilement interopérables entre eux. Ils restent donc souvent utilisés à l'intérieur des entreprises.

L'arrivée des connexions permanentes à prix avantageux que ce soit pour les entreprises ou les particuliers et l'ouverture des sociétés aux technologies Internet développées par la démocratisation du haut débit, la structuration des données via XML et la recherche d'interopérabilité ont permis l'essor des services Web. Ce type de service est de plus en plus prisé que ce soit dans les applications Web ou les applications standards. Ce domaine d'activité nécessitait une standardisation quant à la diffusion et au référencement sur le Web. Les services Web sont des applications Web pouvant interagir dynamiquement entre elles et avec d'autres programmes grâce à des protocoles basés sur XML. Ces derniers constituent des standards d'interopérabilité et permettent d'uniformiser la présentation des services offerts par une entreprise et rendent l'accès transparent à tout type de plate-forme.

L'idée fondamentale rattachée aux services Web est la notion d'intégration en tant que service. Ce concept représente l'agrégation des technologies standards, destinées à fonctionner ensemble pour faciliter les interactions entre systèmes hétérogènes, tant au sein de l'entreprise qu'à travers le Web. Or la plupart des travaux existants qui s'intéressent à l'intégration fonctionnelle évitent le problème fondamental de l'automatisation des différentes étapes liées à la fourniture d'un service Web (par exemples,

1

découverte et composition) puisqu'ils limitent l'usage des services Web aux utilisateurs humains plutôt qu'aux machines. En effet, de nombreuses connaissances, indispensables pour l'automatisation des services, sont soit absentes, soit décrites pour être interprétées et exploitées par des humains. Il en résulte un rôle prédominant pour le programmeur humain. Il semble donc nécessaire de tendre vers des services intelligibles pour des machines : c'est le concept du Web service sémantique [KT04]. Il se situent à la convergence de deux domaines de recherche importants qui concernent les technologies de l'Internet : le Web sémantique et les Web services.

L'idée du Web sémantique est de permettre une recherche intelligente sur le Web, faite par des machines et basée sur des définitions qu'elles puissent comprendre. Le Web sémantique s'intéresse notamment aux informations statiques disponibles sur le Web et les moyens de les décrire de manière accessible par des machines. Les services Web, quant à eux, ont pour préoccupation première l'interopérabilité entre applications via le Web en vue de le rendre plus dynamique.

Les services Web utilisent une architecture à trois acteurs : l'annuaire pour publier des services Web, le client qui consomme les services Web dont il a besoin, le fournisseur qui fournit des services Web. Pour permettre, un dialogue intelligible entre ces trois acteurs, les services Web ont recours à des standards ouverts : UDDI, spécifiant le comportement de l'annuaire, WSDL pour présenter les opérations offertes par les services Web, et enfin SOAP pour décrire le format d'échange des données XML.

Le langage de description des services Web *(WSDL)* est utilisé pour décrire l'interface d'un service Web, ses entrées et ses sorties. Dans l'état actuel, WSDL seul ne fournit pas une information suffisante qui permettrait de déterminer automatiquement si les interfaces de deux services Web donnés sont compatibles (c'est exactement ce que facilite la description sémantique). Autrement dit, Le manque de la sémantique dans WSDL le rend non suffisant pour répondre à l'exigence de la composition des services Web et limite également le mécanisme de la découverte des services Web appropriés seulement à la recherche basée sur mots clés. Ainsi, si l'on prend la description d'un service permettant de trouver des livres et la description d'un service permettant de les acheter, toutes deux enrichies d'annotations sémantiques, cela devient beaucoup plus aisé de les intégrer et d'en faire un composite utilisable. Pour les mêmes raisons, le fait d'avoir des descriptions sémantiques lisibles par des systèmes informatiques permet de rechercher des services Web appropriés.

Pour décrire sémantiquement les services Web, une des approches possibles est le développement d'ontologies et l'utilisation d'annotations sémantiques, couplés éventuellement à des mécanismes de raisonnement appropriés, afin d'aboutir à ce qui est aujourd'hui appelé interopérabilité sémantique. Les annotations sémantiques sont le plus souvent utilisées pour la découverte dynamique de services Web. Leur détermination se fonde généralement sur une ontologie. Souvent opérées manuellement, on arrive progressivement à la définition automatique ou semi-automatique des annotations. Ces annotations peuvent être de divers types et servir pour plusieurs objectifs (interrogation intelligente, découverte dynamique de services, composition de services, etc.).

Le travail visé dans ce stage de recherche est d'étudier la définition et l'exploitation des annotations sémantiques dans le cadre des services Web. Le but de ce travail est :
  – de se familiariser avec les propositions de standard syntaxiques (WSDL et UDDI) et sémantique (DAML-S) pour les services Web ;
  – étudier les approches et les architectures des environnements d'annotations ;
  – proposer une approche d'annotation.

Organisation du mémoire

Ce mémoire traite le thème " annotations sémantiques et service Web ". A cet effet, nous l'avons organisé sur quatre chapitres :

Le chapitre I est consacré aux notions fondamentales des services Web où on a défini les standards syntaxiques, de description de service Web (à savoir WSDL), l'annuaire des services Web (comme UDDI) et le protocole pour l'échange d'information dans un environnement décentralisé et distribué (SOAP). Par la suite, nous introduisons le Web sémantique pour enfin définir les services Web sémantiques où nous définissons la proposition du langage sémantique de description de services (DAML-S).

Le chapitre II introduit le concept d'annotations sémantiques où nous définissons les notions méta-données et annotations sur le Web sémantique, nous définissons ensuite le modèle et la représentation sémantiques de l'annotation.

Dans le chapitre III, nous étudions les approches et les architectures des environnements d'annotations, nous avons pu trouvé trois architectures, à savoir : ajout de la sémantique aux standards existants des services Web, le cadre METEOR-S d'annotation de services Web, et enfin annotation des services Web en utilisant le mapping d'ontologies.

Dans le chapitre IV, nous décrivons notre contribution au problème de la sémantique dans les services Web et nous donnons un exemple explicatif qui servira d'une preuve pour l'utilité de notre solution. Nous terminerons notre mémoire par une conclusion générale et nous énoncerons des perspectives de recherche.

CHAPITRE **1**

SERVICES WEB ET WEB SÉMANTIQUE

1.1 Introduction

Le progrès du Web et plus particulièrement des services Web a permis la naissance d'une nouvelle génération de systèmes caractérisés par une meilleure intégration d'applications hétérogènes et une meilleure communication entre ses différents composants. Les services Web regroupent tout un ensemble de technologies bâties sur des standards *(SOAP, WSDL, UDDI)*. Ils permettent de créer des composants logiciels distribués, de décrire leur interface et de les utiliser indépendamment de la plate-forme sur laquelle ils sont implémentés.

1.2 Définition de services Web

Un service Web est une application accessible à partir du Web qui exécute des fonctions spécifiques [DOS03]. Il utilise les protocoles Internet pour communiquer et un langage standard pour décrire son interface [CNW04]. Il emploie un système normalisé de transmission de messages XML[1], et n'est attaché à aucun des systèmes d'exploitation ou du langage de programmation (voir figure 1.1 [Cer02])

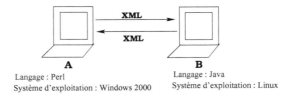

FIG. 1.1 – *Un service Web de base*

Des exemples de services actuellement disponibles concernent les prévisions météorologiques, la réservation de voyage en ligne, les services bancaires ou des fonctions entières

---

[1](eXtensible Markup Language)

d'une entreprise comme la mise en oeuvre de la gestion de la chaîne logistique [Por04].

IBM donne dans un tutorial[2] la définition suivante des services Web : " Les services Web sont la nouvelle vague des applications Web. Ce sont des applications modulaires, auto-contenues et auto-descriptives qui peuvent être publiées, localisées et invoquées depuis le Web. Les services Web effectuent des actions allant de simples requêtes à des processus métiers complexes. Une fois qu'un service Web est déployé, d'autres applications (y compris des services Web) peuvent le découvrir et l'invoquer. "
Les services Web permettent d'intégrer des systèmes d'information hétérogènes en utilisant des protocoles et des formats de données standardisés, autorisant ainsi un faible couplage et une grande souplesse vis-à-vis des choix technologiques effectués. Par exemple ils permettent d'intégrer un système basé sur J2EE[3] avec un autre basé sur CORBA en les faisant communiquer par un réseau Internet [Pon04].

Il y a plusieurs solutions pour la transmission de messages XML. Par exemple, en utilisant les appels de procédures distants XML (XML-RPC[4]) ou le SOAP[5], ou utiliser le HTTP[6] GET/POST et passer les documents XML (Voir figure 1.2 [Cer02].)

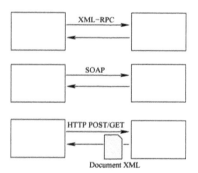

FIG. 1.2 – *Transmission de messages XML dans les services Web*

---

[2]http ://webservices.xml.com/pub/a/2001/04/04/webservices/index.html
[3]Java 2 Enterprise Edition
[4]Remote Procedure Calls
[5]Simple Object Access Protocol
[6]Hypertext Transfer Protocol

1.3   Les caractéristiques d'un service Web

Un service Web a les caractéristiques suivantes [CJ02] :

Basé sur XML

Les données dans les protocoles et technologies des services Web sont représentées en utilisant XML, ces technologies peuvent être interopérables. Comme un transport de données, XML élimine toute dépendance de gestion de réseau, du système d'exploitation, ou de la plateforme liée à un protocole.

Faiblement couplé

Un consommateur d'un service Web n'est pas attaché à ce service Web directement ; l'interface du service Web peut changer sans compromettre la capacité du client d'agir avec le service. Un système fortement couplé implique que le client et le serveur sont fortement dépendant l'un de l'autre, cela implique que si une interface change, l'autre doit également être mise à jour. Adopter une architecture faiblement couplée tend à rendre les systèmes logiciels plus maniables et permet une intégration plus simple entre différents systèmes.

Capacité d'être synchrone ou asynchrone

Les opérations asynchrones permettent à un client d'appeler un service et puis d'exécuter d'autres fonctions. Les clients asynchrones recherchent leur résultat à temps différé, alors que les clients synchrones reçoivent leur résultat quand le service est accompli. Les possibilités asynchrones sont un facteur clé que permettent les systèmes faiblement couplés.

Supporte les appels de procédures distants (Remote Procedure Calls(RPCs))

Les services Web permettent à des clients d'appeler des procédures, des fonctions, et des méthodes sur les objets à distance en utilisant un protocole basé sur XML. Les procédures à distance exposent les paramètres d'entrée et de sortie qu'un service Web doit supporter.

Supporte l'échange de documents

Un des avantages principaux de XML est sa manière générique de représenter non seulement des données, mais également des documents complexes. Ces documents peuvent être simples, comme en représentant une adresse courante, ou ils peuvent être complexes, représentant un livre entier. Les services Web supportent l'échange transparent des documents pour faciliter l'intégration d'affaires.

En plus de ces caractéristiques, un service Web peut également avoir les deux propriétés suivantes [Cer02] :

Auto-descriptif

En publiant un nouveau service Web, on doit également publier une interface publique au service. Au minimum, notre service devrait inclure la documentation

7

lisible pour l'humain de sorte que d'autres développeurs peuvent facilement intégrer notre service. Dans SOAP, on devrait inclure une interface publique écrite dans une grammaire commune XML. La grammaire XML peut être employée pour identifier toutes les méthodes publiques, arguments de méthodes, et valeurs de retour.

Découvrable

Il devrait y avoir un mécanisme relativement simple pour publier le service Web, et un mécanisme par lequel on peut le trouver et localiser son interface publique.

L'idée poursuivie avec les services Web est de mieux exploiter les technologies de l'Internet en substituant, autant que possible, les humains qui réalisent actuellement un certain nombre de services (ou tâches), par des machines en vue de permettre une découverte et/ou une composition automatique de services sur Internet. L'automatisation est donc un concept clé qui doit être présent à chaque étape du processus de conception et de mise en oeuvre des services Web [KT04].

Pour rendre les services Web plus concrets, considérant la fonctionnalité de base d'e-commerce. Par exemple, une société qui vend des pièces par son site Web, permettant à des clients de soumettre des ordres d'achat et de vérifier le statut d'ordre. Pour vérifier le statut d'ordre, les clients s'enregistrent dans le site Web de la compagnie par l'intermédiaire d'un navigateur Web et reçoivent les résultats comme pages HTML (Voir figure. 1.3 [Cer02])

FIG. 1.3 – *Le Web humain central*

1.4 Architecture des services Web

Pour promouvoir l'interopérabilité et l'extensibilité du paradigme des services Web, une architecture de référence est nécessaire afin de préserver les objectifs initiaux visés par les services Web lors des évolutions technologiques successives [Mel04]. Le W3C[7]

---

[7]World Wide Web Consortium

a mis en place une architecture de référence pour encadrer le développement du Web. Le modèle d'architecture SOA[8] représente un modèle d'architecture compatible avec la nature de la problématique et les objectifs visés par le projet services Web. Le choix d'une architecture SOA rentre dans la perspective de transformer le Web en une énorme plateforme de composants faiblement couplés et automatiquement intégrables. La définition de l'architecture services Web consiste à mettre en évidence les concepts, les relations entre ces concepts ainsi qu'un ensemble de contraintes qui assurent l'objectif premier des services Web à savoir l'interopérabilité. Ces éléments sont structurés à travers un modèle de déploiement et de fonctionnement des services Web (voir figure 1.4).

Les concepts : Les concepts de l'architecture ne sont pas supposés avoir une existence dans la réalisation informatique, ils désignent des personnes, des organisations ou encore une entité logicielle ou matérielle. Voici les principaux concepts intervenant dans l'architecture des services Web [Mel04] :

- **Le Fournisseur du service :** D'un point de vue conceptuel, c'est la personne ou l'organisation responsable juridiquement du service. D'un point de vue opérationnel, il désigne le serveur qui héberge les services déployés.
- **Le client :** Il représente une personne ou une organisation, client potentiel des services de l'agent logiciel (i.e. le service) comme il désigne également, d'un point de vue opérationnel, l'application cliente qui invoque le service. L'application cliente peut être elle-même un service Web [Por04].
- **Le registre (ou l'annuaire) des services :** D'un point de vue fonctionnel, il désigne l'entité logicielle qui joue le rôle de l'intermédiaire entre les clients et les fournisseurs de services. Son rôle est capital dans le processus de localisation des besoins et dans l'interopérabilité, car il est supposé fournir aux clients les informations techniques et sémantiques sur le fonctionnement du service. En d'autre terme, l'annuaire de services correspond à un registre de descriptions de services offrant des facilités de publication de services à l'intention des fournisseurs ainsi que des facilités de recherche de services à l'intention des clients.
- **Le service :** Il désigne les fonctionnalités d'un agent logiciel.
- **La description du service :** C'est la spécification du service exprimée dans un langage de description interprétable par les machines. On distingue deux niveaux de description de services : une description technique dans laquelle le service est vu en terme de messages, de formats, de types, de protocoles de transport et d'une adresse physique ; une description sémantique qui peut avoir une existence formelle comme elle peut prendre la forme d'un accord entre le fournisseur et le client.

---

[8]Service Oriented Architecture

- **Les messages** : Le message est la plus petite unité d'échange de données entre les clients et les services.
- **La ressource** : Désigne l'identifiant du service. Chaque service doit avoir une identification en terme d'adresse, généralement une URI[9] . Les services Web comme leur nom l'indique doivent être accessibles à partir d'une adresse Web.

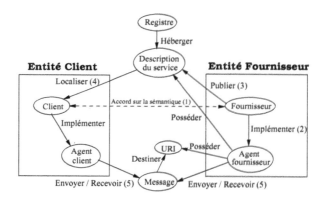

FIG. 1.4 – *Le modèle conceptuel de l'architecture service Web*

La figure 1.4 [Mel04] maintient une numérotation des relations qui indique les différentes étapes de la mise en place et de l'invocation d'un service Web :

- Chaque service Web est défini par un fournisseur. Le fournisseur du service déploie et publie la description de son service dans des registres en vue d'être localisé par les clients.
- Les clients localisent les services dont ils ont besoin en effectuant les recherches sur les registres de services Web.
- Le client extrait du registre la description du service localisé.
- Le client entreprend une interaction, en se basant sur les informations définies dans la description du service.

Le modèle de fonctionnement de l'architecture des services Web se base sur un cadre technologique qui constitue l'infrastructure de l'architecture qui offre les services nécessaires pour la réalisation des différentes étapes du cycle de vie d'un service Web.

---

[9]Uniform Resource Identifier

1.5 L'infrastructure des services Web

L'infrastructure offre un certain nombre de services qui permettent de gérer l'interaction entre les composants. Les services offerts par l'infrastructure des services Web concernent essentiellement deux aspects fondamentaux : un service de communication qui permet l'échange de données entre les services Web et un ensemble de services techniques destinés à automatiser le processus de localisation et d'invocation des composants [CNW04]. Aujourd'hui, l'infrastructure des services Web s'est concrétisée autour de trois spécifications considérées comme des standards :

- Simple Object Access Protocol *(SOAP)* : Assure la communication avec et inter services Web. Le SOAP est la " tuyauterie " fondamentale pour les services Web [DOS03].
- Web Services Description Language *(WSDL)* : Offre un schéma formel de description des services Web.
- Universal Description, Discovery and Integration *(UDDI)* : Offre une manière uniforme de définir des registres des services Web et aussi un schéma uniformément extensible de description des services Web.

La figure 1.5 [Mel04] représente la relation entre les artefacts de l'architecture et les technologies standards des services Web.

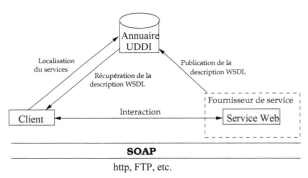

FIG. 1.5 – *Déploiement, recherche et invocation des services Web*

1.5.1 Protocole de communication des services Web

Le SOAP est la syntaxe d'enveloppe pour envoyer et recevoir des messages XML dans les services Web. Comme défini par le W3C (http ://www.w3.org/TR/SOAP/), le SOAP est " un protocole léger pour l'échange d'information dans un environnement décentralisé et distribué". Il fournit un langage standard pour lier des applications et des services ensemble. Une application envoie une requête SOAP à un service Web, et le service Web retourne la réponse dans ce qu'on appelle une réponse SOAP. SOAP peut potentiellement être utilisé en combinaison avec une variété d'autres protocoles, mais dans la pratique, il est employé avec le HTTP.

SOAP a été adopté comme standard pour les services Web. La syntaxe SOAP, sous sa forme de base, est assez simple, suivant les indications de la figure 1.6 [DOS03]. Un message SOAP contient les éléments suivants [DOS03] :
- Une enveloppe SOAP qui enveloppe le message
- Une description de la façon dont les données sont codées
- Un corps SOAP qui contient le message spécifique à l'application

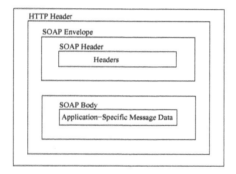

FIG. 1.6 – *Structure d'un message Web basé sur SOAP*

1.5.2 Description des services Web

Les services Web sont capables de fournir des informations permettant de comprendre comment les manipuler (voir la caractéristique Auto-descriptif). Le standard dans la matière est actuellement WSDL *(Web Service Description Language)*, mais celui-ci ne décrit que la partie statique. Des propositions ont été faites pour traiter la partie dynamique.

1.5.2.1 Définition

WSDL est le standard actuel pour décrire les modalités de communication avec les services Web [Pon04] et qui définit un cadre extensible pour décrire les interfaces des services Web [New02] (on peut voir le WSDL comme l'équivalent de l'IDL pour CORBA). En fait, un document WSDL décrit ce que fait le service Web (méthodes et leurs paramètres) mais aussi où le service Web se situe (URL, port, protocoles d'invocation).

WSDL a été développé principalement par Microsoft et IBM et a été soumis au W3C par 25 compagnies. WSDL est au coeur du cadre de services Web, fournissant une manière commune dont laquelle sont représentés les types de données passés dans les messages, les opérations à exécuter sur les messages [New02]. En outre, il définit les modalités techniques permettant de communiquer avec le service décrit. WSDL représente les services Web en tant que points de communications échangeant des messages orientés RPC ou document. WSDL s'appuie sur XML. Un opérateur humain peut tirer profit d'une telle description mais le but premier est de pouvoir faire exploiter ces informations par un logiciel [Pon04].

1.5.2.2 Les éléments de WSDL

WSDL est une grammaire de XML pour décrire des services Web. Il est divisé en sept éléments principaux (Voir figure 1.7 [Cer02]) :

Definitions : L'élément *definitions* doit être l'élément racine de tous les fichiers WSDL. Il définit le nom du service Web et déclare les différents namespaces (espaces de noms) utilisés dans tout le reste du fichier,

types : L'élément *types*, décrit tous les types de données utilisés dans les messages. WSDL emploie les spécifications de schéma XML du W3C en tant que son choix par défaut. Si le service emploie seulement les types simples intégrés de XML schéma, tels que les strings et les nombres entiers, l'élément *types* n'est pas exigé,

message : les éléments *message* définissent l'ensemble des messages qui seront échangés. Un message correspond aux données qui seront véhiculées selon les méthodes invoquées. Chaque méthode du service possède deux éléments message, le premier correspond à la requête et le second correspond à la réponse. La description contient le nom de l'élément en paramètre d'entrée ou de sortie selon le message et son type,

portType : L'élément *portType* combine des éléments de message pour former une opération à sens unique ou aller-retour complète. Par exemple, un *portType* peut combiner une demande et un message de réponse dans une opération simple de requête/réponse, le plus généralement utilisée dans des services SOAP. Un *portType* peut définir plusieurs opérations. Chaque opération est identifiée dans le document WSDL par l'élément *operation* déclarant le nom de la méthode et les données passées en paramètres,

Binding : L'élément *binding* définit les protocoles de communication utilisés lors des

13

appels du service Web. Cette définition permet de faire la liaison entre le document WSDL et le protocole de communication SOAP et entre les messages et les méthodes. Le mode d'encodage sera aussi décrit dans cette section,

Ports : les éléments *ports* sont les points de communication, constitués d'un binding et d'une URI [Pon04],

service : les *services* sont des collections de ports.

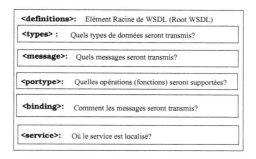

FIG. 1.7 – *Les éléments de WSDL*

En plus des sept éléments principaux, le fichier WSDL définit également les éléments de service suivants :

documentation : L'élément *documentation* est employé pour fournir la documentation lisible pour l'homme et qui peut être incluse dans n'importe quel autre élément WSDL,

Import : L'élément *import* est employé pour importer d'autres fichiers WSDL ou XML schémas. Ceci permet des fichiers WSDL plus modulaires. Par exemple, deux fichiers WSDL peuvent importer les mêmes éléments de base mais inclure leurs propres éléments de service pour rendre le même service disponible à deux adresses physiques.

L'exemple de la figure 1.8 [Cer02] fournit un fichier HelloService.wsdl. Le service fournit publiquement une fonction disponible simple, appelée sayHello. La fonction reçoit un paramètre simple de type string et renvoie une salutation simple pour ce string. Par exemple, si on passe le paramètre "resyd" le service nous renvoie la salutation, " Hello, resyd !". Les éléments de WSDL de l'exemple sont donnés sur la figure 1.9

```
<?xml version="1.0" encoding="UTF-8"?>                                    Nom du service
<definitions name="HelloService"
      targetNamespace="http://www.ecerami.com/wsdl/HelloService.wsdl"
      xmlns="http://schemas.xmlsoap.org/wsdl/"
      xmlns:soap="http://schemas.xmlsoap.org/wsdl/soap/"
      xmlns:tns="http://www.ecerami.com/wsdl/HelloService.wsdl"
      xmlns:xsd="http://www.w3.org/2001/XMLSchema">

                                                          Messages nécessaires
      <message name="SayHelloRequest">                    constituant la requête et la
            <part name="firstName" type="xsd:string"/>     réponse pour l'échange des
      </message>                                            paramètres de la méthode
      <message name="SayHelloResponse">                    SayHello
            <part name="greeting" type="xsd:string"/>
      </message>

      <portType name="Hello_PortType">

            <operation name="sayHello">
                  <input message="tns:SayHelloRequest"/>   Définition de la
                  <output message="tns:SayHelloResponse"/> méthode SayHello
            </operation>
      </portType>

      <binding name="Hello_Binding" type="tns:Hello_PortType">
            <soap:binding style="rpc"
              transport="http://schemas.xmlsoap.org/soap/http"/>
            <operation name="sayHello">
                  <soap:operation soapAction="sayHello"/>
                  <input>
                     <soap:body                              Définition des
                       encodingStyle="http://schemas.xmlsoap.org/soap/encoding/"  protocoles de
                       namespace="urn:examples:helloservice" use="encoded"/>      communication
                  </input>                                   et le mode
                  <output>                                   d'encodage
                     <soap:body
                       encodingStyle="http://schemas.xmlsoap.org/soap/encoding/"
                       namespace="urn:examples:helloservice" use="encoded"/>
                  </output>
            </operation>
      </binding>

      <service name="Hello_Service">
                  <documentation>WSDL File for HelloService</documentation>
 Point de         <port binding="tns:Hello_Binding" name="Hello_Port">     Service
 communication          <soap:address
                         location="http://localhost:8080/soap/servlet/rpcrouter"/>
                  </port>
      </service>
</definitions>                                         Localisation
                                                       du service
```

FIG. 1.8 – *Le fichier HelloService.wsdl*

15

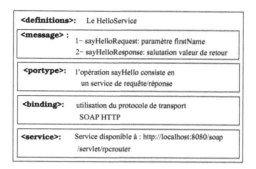

\<definitions\>:	Le HelloService
\<message\> :	1– sayHelloRequest: paramètre firstName 2– sayHelloResponse: salutation valeur de retour
\<portype\>:	l'opération sayHello consiste en un service de requête/réponse
\<binding\>:	utilisation du protocole de transport SOAP HTTP
\<service\>:	Service disponible à : http://localhost:8080/soap /servlet/rpcrouter

FIG. 1.9 – *Les éléments de WSDL de l'exemple*

1.5.3   Publication des services Web

Le principal standard actuel pour l'enregistrement, ou la publication, de services est UDDI *(Universal Description, Discovery, and Integration)*, il est défini par l'organisation d'UDDI, qui fait partie de l'organisation d'OASIS[10], et prévu pour agir en tant qu'intermédiaire de l'information entre les consommateurs de services et les fournisseurs de services [EAA+04] (voir la figure 1.10 [Pon04]).

UDDI fournit une méthode normalisée pour éditer et découvrir les informations sur les services Web. Le projet d'UDDI est une initiative d'industrie qui essaye de créer une plateforme indépendante et ouvrir un cadre pour décrire des services, découvrir des businesses et intégrer des services. UDDI se concentre sur le processus de la découverte dans l'architecture orientée service [CJ02].
UDDI indique la manière de stocker et de rechercher les informations sur les services et particulièrement le nom du fournisseur et les interfaces techniques.

Pour faciliter la découverte des services Web, il y a un ensemble de registres UDDI. Chacun de ces registres fournit les services d'un domaine spécifique. Par exemple, on peut avoir un registre UDDI pour services de transport aérien, et un autre registre pour services de transport ferroviaire [RR04].

---

[10]Groupement créé pour compléter les travaux du W3C sur le terrain des échanges interentreprises

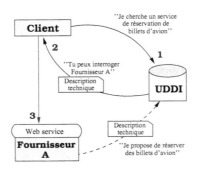

FIG. 1.10 – *Emploi d'UDDI pour la recherche de services Web*

1.5.3.1 Structure du registre UDDI

Il y a plusieurs types d'information stockés dans une structure UDDI, ceci inclut les types de données primaires suivants [EAA+04][CJ02][vdV04][PTB03] :

- **businessEntity** : décrit le fournisseur du service (i.e. les organisations ayant publié des services dans le répertoire) à savoir son identifiant, son nom, ses adresses (physiques et Web), ... Cette description inclut les informations de catégorisation permettant de faire des recherches spécifiques dépendant du métier de l'entreprise,

- **businessService** : donne les détails sur le métier de l'entreprise, les services qu'elle propose. Contient une ou plusieurs structures d'un bindingTemplate,

- **bindingTemplate** : contient l'information technique pour accéder au service (par exemple URL, et peut mapper (faire une correspondance) à un port de document WSDL). mais ne contient pas les détails des caractéristiques du service, il contient une description facultative des textes du service Web, de l'URL de son point d'accès, et d'une référence à une ou plusieurs structures d'un tModel,

- **tModel** : ou modèle technique qui est une description abstraite des spécifications ou d'un comportement particulier auxquels le service Web adhère,

- **publisherAssertion** : est employée pour établir des rapports publics entre deux structures businessEntity.

La figure 1.11 [EAA+04] montre les liens entre les entrées d'UDDI et un fichier WSDL

17

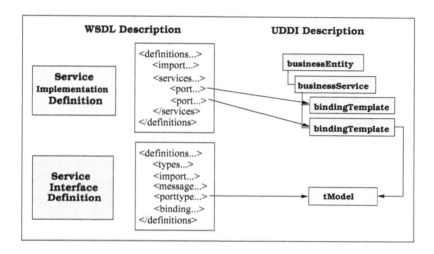

FIG. 1.11 – *Le mapping de WSDL dans UDDI*

1.5.3.2   Types d'enregistrements d'UDDI

Il y a trois types principaux d'enregistrements UDDI qui traitent différents paradigmes d'affaires [EAA+04] :

Registre public

L'implémentation publique du standard UDDI est le registre d'affaires UDDI, ou UBR. L'UBR se compose de plusieurs noeuds d'UDDI. Ces noeuds sont contrôlés par des compagnies telles qu'IBM, Microsoft, SAP et NTT. Quand un fournisseur de service veut éditer ses services, il va à l'un des emplacements des sites Web d'UBR et enregistre et édite ses services. Les données sont alors repliées à tous les noeuds dans l'UBR. Pour un exemple d'un UBR, voyez : http ://uddi.ibm.com ;

Registres de groupe ou d'associés

Ces réalisations se concentrent sur un nombre spécifique d'associés connus, généralement de la même industrie, pour se concentrer sur des services vraiment nécessaires et pour aborder la question de la confiance entre les fournisseurs et les consommateurs ;

Registres privés

La plupart des compagnies tendent à lancer des projets de services Web en utilisant un registre UDDI interne (privé).

1.5.3.3 Service de la découverte avec les registres d'UDDI

En plus de stocker les informations sur les services d'une façon ordonnée, les registres UDDI fournissent un outil de recherche qui tient compte de la découverte facile des services :

– par exemple, tous les services fournis par une entité d'affaires donnée ;
– liste des services selon diverses catégorisations.

1.5.4 Conclusion

Dans cette partie, nous avons décrit l'infrastructure des services Web, cependant les technologies standards actuelles de ces derniers sont dépourvues de la sémantique. Dans la suite, nous donnons un aperçu sur le Web sémantique pour ensuite parler de services Web sémantiques.

1.6 Le Web sémantique

L'évolution récente des technologies de l'information et de la communication a permis l'émergence d'Internet tel que nous le connaissons aujourd'hui. C'est le lieu où se rencontrent les services informatiques et les utilisateurs ordinaires. L'information contenue dans le Web actuel n'est pas décrite de manière structurée. Les agents, contrairement aux humains, n'ont donc pas accès à la signification de ce contenu. Le Web sémantique se veut une extension du Web actuel dans laquelle l'information est décrite de manière bien structurée pour palier ce problème et permettre des traitements automatiques portant sur la signification du contenu. Dans [Tie05], les capacités d'automatisation du Web actuel sont limitées parce que l'Internet a été conçu pour publier des documents non structurées. Le Web a du mal pour faciliter l'accès à l'information.

Exemple : Si l'on veut rechercher un fabricant de portes et de fenêtres pour construire une maison en tapant les mots "gates" et "windows" dans Google. Résultat : la plupart des documents concernent M.Bill Gates et Microsoft Windows. Pourquoi ?

L'expression Web sémantique, due à Tim Berners-Lee au sein du W3C, fait d'abord référence à la vision du Web de demain comme :

– un vaste espace d'échange de ressources entre êtres humains et machines permettant une exploitation, qualitativement supérieure, de grands volumes d'informations et de services variés.
– un espace virtuel, il devrait voir, à la différence de celui que nous connaissons aujourd'hui, les utilisateurs déchargés d'une bonne partie de leurs tâches de re-

19

cherche, de construction et de combinaison des résultats, grâce aux capacités accrues des machines à accéder aux contenus des ressources et à effectuer des raisonnements sur ceux-ci [RCL03].
- des services Web de plus haute qualité avec des données et des informations décrites d'une manière qui facilite leur réutilisation et leur composition par les machines à travers différentes applications [Lau02] [Ser03].

Le Web sémantique, concrètement, est d'abord une infrastructure pour permettre l'utilisation de connaissances formalisées en plus du contenu informel actuel du Web, même si aucun consensus n'existe sur jusqu'où cette formalisation doit aller. Cette infrastructure :
- doit permettre d'abord de localiser, d'identifier et de transformer des ressources de manière robuste et saine tout en renforçant l'esprit d'ouverture du Web avec sa diversité d'utilisateurs ;
- elle doit s'appuyer sur un certain niveau de consensus portant, par exemple, sur les langages de représentation ou sur les ontologies utilisées ;
- elle doit contribuer à assurer, le plus automatiquement possible, l'interopérabilité et les transformations entre les différents formalismes et les différentes ontologies ;
- elle doit faciliter la mise en oeuvre de calculs et de raisonnements complexes tout en offrant des garanties supérieures sur leur validité ;
- elle doit offrir des mécanismes de protection (droits d'accès, d'utilisation et de reproduction), ainsi que des mécanismes permettant de qualifier les connaissances afin d'augmenter le niveau de confiance des utilisateurs.

Les recherches actuellement réalisées s'appuient sur un existant riche venant, par exemple, des recherches en représentation ou en ingénierie des connaissances. Mais leur utilisation et leur acceptation à l'échelle du Web posent de nouveaux problèmes et défis : changement d'échelle dû au contexte de déploiement, le Web et ses dérivés (intranet, extranet), nécessité d'un niveau élevé d'interopérabilité, ouverture, standardisation, diversités des usages, distribution bien sûre et aussi impossibilité d'assurer une cohérence globale. Comme l'écrit, en substance, Tim Berners-Lee, le Web sémantique est ce que nous obtiendrons si nous réalisons le même processus de globalisation sur la représentation des connaissances que celui que le Web fit initialement sur l'hypertexte. Les propositions faites autour de l'infrastructure du Web sémantique doivent permettre aussi bien la réalisation d'outils généralistes avec des utilisateurs mal définis (un exemple pourrait être des moteurs de recherche prenant plus en compte le contenu sémantique de documents) que la réalisation d'applications pour des tâches plus complexes comme la gestion de connaissances au service des membres d'une entreprise. On soulignera, dans le premier cas, surtout l'utilisation de méta-données et dans le deuxième, la nécessité de systèmes d'intégration de données hétérogènes ou bien encore d'utilisation et de combinaison de services Web [LRC02].

Le Web sémantique vise à rendre les ressources du Web actuel non seulement compréhensibles par les humains (comme c'est le cas pour le Web actuel) mais aussi interprétables par des machines. Parmi les travaux visant à la construction du Web sémantique, l'approche la plus fréquente consiste à décrire ces ressources à l'aide de méta-données, ou annotations sémantiques, en utilisant le vocabulaire conceptuel fourni par une ontologie. Dans [KDK04], l'une des ambitions du Web sémantique est de faciliter la tâche de recherche en essayant d'automatiser le traitement de l'information sur le Web et ce en associant à chaque document une annotation dite sémantique, qui décrira son contenu sémantique, basée sur une ontologie décrivant le domaine.

Pour que le Web sémantique fonctionne, les ordinateurs doivent avoir accès à des collections structurées d'information et d'un ensemble de règles d'inférence qu'ils peuvent utiliser pour parvenir à un raisonnement automatisé. Deux importantes technologies de développement du Web sémantique existent déjà, XML et RDF [BLHL01] :

1.6.1 XML *(eXtensible Markup Language)*

XML nous permet d'ajouter une structure arbitraire à nos documents sans rien dire de la signification des structures [Tie05]. En d'autre terme, XML permet à chacun de créer ses propres balises : marques cachées comme <code postal> ou <université> qui mettent des annotations sur les pages Web ou les sections de texte d'une page. Les scripts ou les programmes peuvent utiliser ces balises de manière compliquée, mais le programmeur doit savoir dans quel but l'auteur utilise chaque balise.

Les points forts de XML en plus de sa simplicité sont [Tie05] :
- son indépendance quand à la plateforme utilisée,
- son exploitation possible par un système informatique,
- la séparation de la présentation et du contenu,
- c'est un langage de description facilement extensible en fonction des besoins des applications,
- la gestion de la cohérence grâce aux DTD[11].

L'avantage de XML est la possibilité de personnaliser la présentation des documents en utilisant XSL *(XML Stylesheet Language)* qui permet de transformer automatique-

---

[11]Document Type Definition

ment un fichier XML en une page HTML qui est consultable via un navigateur Internet. Cependant, son inconvénient est : Il n'a pas de sémantique formelle permettant l'interprétation par la machine. XML décrit uniquement la structure de l'information, sa syntaxe.

1.6.2 RDF *(Resource Description Framework)*

XML est au niveau syntaxe du Web sémantique, par contre RDF est au niveau sémantique [Tie05], le sens donné par RDF est codé dans des ensembles de triplets, chaque triplet joue le rôle du sujet, du verbe (ou prédicat dans [BCEE05]) et de l'objet dans une phrase élémentaire. On peut écrire ces triplets en utilisant les balises XML. Avec RDF, dans un document, on part du principe que des choses particulières (des gens, des pages Web, ou quoi que ce soit) ont des propriétés (comme est la soeur de, est l'auteur de, est le fondateur de, étudiant à, ...) avec certaines valeurs (une autre personne, une autre page Web, ...). Cette structure se révèle être une façon naturelle de décrire la plupart des données traitées par les machines. Le sujet et l'objet sont chacun identifié par un Identifiant de Ressource Universelle *(URI)*, exactement comme dans les liens sur une page Web (les URLs, Uniform Resource Locators, sont les types d'URI les plus courants). Les verbes sont également identifiés par des URIs, ce qui permet à chacun de définir un nouveau concept, un nouveau verbe, simplement en définissant une URI quelque part sur le Web [BLHL01].

Exemple [BCEE05] : L'interface RDF de la base de données de voyages de la SNCF est représentée sur la figure 1.12 :

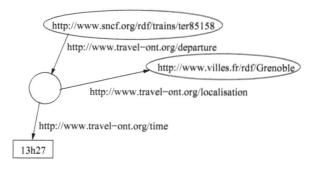

FIG. 1.12 – *Un graphe RDF*

– Les termes de la forme http ://... sont des URIs qui identifient des ressources définies de façon unique.

- Dans les URIs, certaines ressources sont spécifiques à la SNCF (le train), et d'autres (departure ...) sont issus d'une ontologie dédiée aux voyages.
- Les objets d'un triplet qui sont des littéraux sont représentés dans un rectangle (ici, 13h27).
- Le sommet non étiqueté représente une variable.

Intuitivement, ce graphe peut se comprendre comme "le train TER 85158 part de Grenoble à 13h27". Cette sémantique intuitive ne suffit pas à un traitement automatique, il faut munir les documents RDF d'une sémantique formelle. La sémantique d'un document RDF est exprimée en théorie des modèles. L'objectif est de donner des contraintes sur les mondes qui peuvent être décrits par un document RDF. Ce dernier peut être traduit en une formule de la logique positive, conjonctive, existentielle du premier ordre. À chaque triplet <s, p, o> on associe la formule atomique p(o, s), où p est un nom de prédicat, et o et s sont des constantes si ces éléments sont des URIs ou des littéraux dans le triplet, et des variables sinon. Ainsi, le document RDF de la figure 1.12 se traduit par la formule :

$$\exists\, x\ (departure(ter85158, x) \wedge time(x, 13h27) \wedge localisation(x, Grenoble))$$

RDFS *(RDF Schema)* a pour but d'étendre le langage en décrivant plus précisément les ressources utilisées pour étiqueter les graphes. Pour cela, il fournit un mécanisme permettant de spécifier les classes dont les ressources seront des instances, comme les propriétés. RDFS s'écrit toujours à l'aide de triplets RDF, en définissant la sémantique de nouveaux mots-clés comme [BCEE05] :
- <ex : Vehicule rdf : type rdfs : Class> la ressource ex : Vehicule a pour type rdfs : Class, et est donc une classe ;
- <sncf : TER8153 rdf : type ex : Vehicule> la ressource sncf : TER8153 est une instance de la classe ex : Vehicule que nous avons définie ;
- <sncf : Train rdfs : subClassOf ex : Vehicule> la classe sncf : Train est une sous classe de ex : Vehicule, toutes les instances de sncf : Train sont donc des instances de ex : Vehicule.

Deux bases de données peuvent utiliser des identifiants différents pour ce qui est en fait le même concept, code postal par exemple. Un programme qui veut comparer ou combiner l'information provenant de deux bases de données doit savoir que ces deux termes sont utilisés pour désigner la même chose. Idéalement, le programme doit pouvoir découvrir des sens identiques pour n'importe quelle base de données rencontrée. La solution à ce problème se trouve dans le troisième composant basique du Web sémantique : l'ensemble des informations appelé **ontologie** [BLHL01].

1.6.3 Ontologie

En philosophie, une ontologie est une théorie à propos de la nature de l'existence, c'est l'étude de l'être ou de l'existence. L'intelligence artificielle et les chercheurs du Web ont adopté ce terme dans leur propre jargon, et pour eux une ontologie est un document ou fichier qui définit de façon formelle les relations entre les termes. Selon Tim Berners-Lee [BLHL01] à propos du Web sémantique, un type d'ontologie caractéristique du Web possédera une **taxonomie** et un ensemble de **règles d'inférence**. La **taxonomie** définit des classes d'objets et les relations entre eux. Nous pouvons exprimer un grand nombre de relations entre les entités en attribuant des propriétés aux classes et en permettant à des sous-classes d'hériter de leurs propriétés. Si les *codes postaux* doivent être de type *ville* et sachant que les *villes* ont généralement des *sites Web*, nous pouvons associer un *site Web* au *code postal* d'une *ville* même si aucune base de données ne relie directement un *code* à un *site* [BLHL01].

L'ontologie est une collection d'expressions, écrites dans un langage comme RDF, qui définissent les relations entre les concepts et indiquent des règles logiques pour raisonner. Les ordinateurs comprennent la signification des données sémantiques d'une page Web par les liens vers les ontologies indiquées.

Les **règles d'inférence** dans les ontologies sont encore plus puissantes. Une ontologie peut exprimer la règle suivante : "si un *code postal* de ville est associé à un *code d'Etat* et qu'une *adresse* utilise ce *code de ville*, alors cette *adresse* est associée au *code de l'Etat*." Un programme pourrait en déduire, par exemple, que l'adresse de l'université Cornell, située dans l'Ithaca, doit se trouver dans l'Etat de New-York, qui est aux Etats - Unis [BLHL01].

Un autre concept du Web sémantique est : les agents

1.6.4 Les agents

Le pouvoir véritable du Web sémantique sera atteint quand les gens créeront de nombreux programmes qui collecteront les contenus du Web à partir de sources diverses, qui traiteront l'information et échangeront les résultats avec d'autres programmes. L'efficacité de ces agents logiciels croîtra de manière exponentielle au fur et à mesure que seront disponibles des contenus du Web lisibles par des machines et des services automatisés [BLHL01].

1.7 Les services Web sémantiques

Actuellement, les architectures orientées services, basées sur les services Web, permettent l'intégration et l'interopérabilité de plusieurs services Web provenant de différents partenaires. Cela permet de créer ce que l'on nomme des procédés Web, c'est à dire des procédés inter organisations qui gèrent la composition et la coordination d'un ensemble de services Web.

- Un avantage de ces architectures concerne l'utilisation de standards *(XML, SOAP, WSDL, UDDI)*.

- Cependant, les propositions actuelles se limitent à des aspects syntaxiques *(description syntaxique des services)*, ce qui remet en cause par exemple la dynamicité des compositions ou des collaborations, ou rend difficile la recherche précise de services adaptés [Per05].

Une des idées partagées par les travaux proposant de coupler les approches Web services et celles du Web sémantique, est de répondre aux limites de WSDL par l'ajout d'une couche sémantique au-dessus de WSDL décrivant le quoi et le pourquoi, et pas seulement le comment [Cha04].

En effet, le langage de description des services Web *(WSDL)* est utilisé pour décrire l'interface d'un service Web, ses entrées et sorties. Dans l'état actuel, WSDL seul ne fournit pas une information suffisante qui permettrait de déterminer automatiquement si les interfaces de deux services Web donnés sont compatibles. C'est précisément ce que facilite la description sémantique. Ainsi, si l'on prend la description d'un service permettant de trouver des livres et la description d'un service permettant de les acheter, toutes deux enrichies d'annotations sémantiques, cela devient beaucoup plus aisé de les intégrer et d'en faire un composite utilisable. Pour les mêmes raisons, le fait d'avoir des descriptions sémantiques lisibles par des systèmes informatiques permet de rechercher les services Web appropriés [DFH06].

L'idée consiste à faire converger le Web sémantique et les services Web afin de proposer des services et des procédés qui prennent en compte la connaissance que l'on peut avoir d'un service ou d'un procédé [Per05].

1.7.1 Comment les services Web s'adaptent-ils dans le Web sémantique ?

Les services Web sont des services logiciels, identifiés par une URI, et qui sont décrits, découverts, et accédés en utilisant les protocoles Web. Le point important au sujet des services Web est qu'ils consomment et produisent XML. Ainsi, la première manière pour que les services Web s'adaptent dans le Web sémantique est en promouvant l'adoption de XML. Pendant que les services Web prolifèrent, ils deviennent semblables aux pages Web, du fait il est plus difficile de les découvrir. Les technologies sémantiques du Web seront nécessaires pour résoudre le problème de découverte des services Web. Il y a plusieurs efforts de recherches en cours de créer les services Web sémantiques (comme http ://swws.semanticweb.org).

Une autre manière pour que les services Web s'adaptent dans le Web sémantique est de permettre aux services Web d'interagir entre eux [DOS03].

Les services Web sémantiques se situent à la convergence de deux domaines de recherche importants qui concernent les technologies de l'Internet, à savoir le Web sémantique et les services Web [KT04] (voir la figure 1.13 [DOS03]).

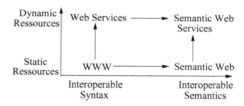

FIG. 1.13 – *Services Web Sémantiques*

Dans [DFH06], La combinaison des technologies des services Web et du Web sémantique rend la recherche et la composition de services plus faciles.
Les standards WSDL et UDDI se limitent à des aspects syntaxiques, d'où vient DAML-S pour enrichir les services Web avec de la sémantique.

1.7.2 DAML-S *(DARPA Agent Markup Language for Services)*

DAML-S est un langage de description de services basé sur XML. Son intérêt est qu'il est un langage de haut niveau pour la description et l'invocation des services Web dans lequel la sémantique est incluse [BCEE05]. Il propose une ontologie pour les services Web et permet de décrire ce que peut faire un service, comment l'utiliser et quels sont ses effets sur le Monde [Dal04]. DAML-S est composé de trois parties principales (voir figure 1.14 [ABH+01]) :

– **Service Profile :** explique ce que fait le service et ce qu'il exige des autres agents [ABH+01],

26

– **Service Model** : définit le fonctionnement du service Web,
– **Service Grounding** : fournit les informations nécessaires à l'utilisation du service Web.

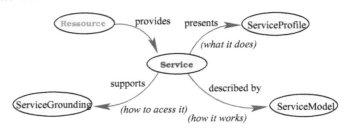

FIG. 1.14 – *Parties principales de l'ontologie DAML-S*

1.7.2.1 Le service Profile

Le service Profile est employé pour publier et découvrir les services [SdF03], son objectif est de décrire les fonctionnalités qu'un service Web veut fournir à la communauté [PKPS02]. Il décrit le service en fonction de ce qu'il fait afin de permettre à un demandeur de voir si le service proposé lui convient. Dès lors, le service Profile propose une vue du service Web décomposée en trois grands aspects [Dal04] :

– une description du service et de son fournisseur. Ainsi, il présentera le nom du service, un texte descriptif, etc. De même, il décrira son fournisseur en termes de nom, d'adresse physique, d'adresse Web, etc.
– une description du comportement fonctionnel du service. Cette description est réalisée à l'aide d'un ensemble d'entrées du service *(inputs)*, d'un ensemble de sorties du service *(outputs)*, d'un ensemble de pré-conditions *(preconditions)* nécessaires au bon déroulement du service et un ensemble d'effets *(effects)* du service sur le monde [Dal04], tels que inputs : ensemble d'entrées nécessaires que le demandeur doit fournir pour invoquer le service, outputs : résultats auxquels le demandeur doit s'attendre à la fin de l'interaction, preconditions : ensemble de conditions à satisfaire avant d'invoquer le service, effects : Exemple : compte débité, colis livré, ...[Hac05].
– une description des attributs fonctionnels utiles à la sélection automatique d'un service Web. Ainsi, on pourra trouver comme attributs fonctionnels, le temps de réponse, le coût du service, etc.

Le service profile est utilisé à la fois par les fournisseurs pour publier leurs services et par les clients pour spécifier leurs besoins. Par conséquent, il constitue l'information utile pour la découverte et la composition de services [KT04]. En d'autre terme, le service Profile sert de support à la découverte de services Web et à leur sélection. L'activité du matching consiste, à partir d'un service Profile du service désiré par un demandeur, à fournir le service Web du fournisseur qui propose un service Profile qui correspond le plus à la description du demandeur. Elle suppose l'intervention d'un agent intermédiaire de type annuaire de services qui implémente cet algorithme de matching. L'algorithme de matching n'est pas défini à priori, la liberté de l'implémentation permet de définir des politiques différentes de matching comme, par exemple, la répartition de charge au sein de services semblables [Dal04].

1.7.2.2 Le service Model

Le service Model explique comment le service fonctionne. Un service Web peut être vu comme un processus. C'est pourquoi, le service Model possède une sous-classe : le Process Model, qui comprend deux aspects [Dal04] :
– Le premier est le processus qui est décrit par l'ontologie de processus.
– Le second fait référence au modèle de contrôle du processus défini par l'ontologie de contrôle de processus.

- L'ontologie de processus permet de décrire le processus en termes d'entrées *(inputs)*, de sorties *(outputs)*, de pré-conditions *(preconditions)* et d'effets sur le monde *(effects)*. Cette ontologie définit trois sous-types de processus :
– le processus atomique qui peut directement être invoqué par le demandeur. Le demandeur voit son exécution comme une opération primitive,
– le processus simple qui ne peut pas être directement invoqué par le demandeur. Il est aussi perçu par le demandeur comme étant constitué d'une étape unique. Son rôle est de permettre un certain niveau d'abstraction. Ainsi, on pourra, par exemple, proposer au demandeur une vue simplifiée d'un processus composé,
– le processus composite qui est composé d'autres processus.

- L'ontologie de contrôle de processus sert à définir un modèle de contrôle des instanciations d'un service Web qui doit permettre à un agent de pouvoir surveiller l'état d'avancement du service et de contrôler le service. Pour cela, cette ontologie doit procurer des règles de correspondance entre, d'un côté, l'état du processus avant l'invocation, défini par les entrées et les pré-conditions, et, de l'autre côté, l'état du processus après l'invocation. De plus, elle doit pouvoir décrire les contraintes temporelles et d'état engendrées par les séquences d'enchaînement. Enfin, elle doit donner une représentation de messages sur l'exécution des processus afin de pouvoir surveiller l'état d'avancement de ceux-ci.

Le service Model permet de réaliser plusieurs tâches importantes sur les services Web. En effet, après la découverte d'un service grâce à son service Profile, le service Model permet d'effectuer une analyse plus détaillée par un agent du service afin de déterminer si le processus répond véritablement aux attentes de cet agent. De plus, le service Model sert de support à la composition de services complexes, il contient l'information nécessaire pour la composition : IOPEs *(entrées, sorties, pré-conditions et effets)* [SdF03]. Il permet aussi de coordonner les différentes activités des services Web. Enfin, il offre la possibilité de surveiller l'état d'avancement d'un service.

1.7.2.3 Le service Grounding

Le service Grounding décrit comment accéder aux services [SD04], i.e. sert de support à l'invocation du service Web. Il établit une correspondance entre une spécification abstraite définie en DAML-S par les IOPEs *(Inputs Outputs Preconditions Effects)* pour un service Model et une spécification concrète. Cette mise en correspondance permet d'accéder au service. Pour cela, plusieurs aspects doivent être présents dans une description d'un grounding. En effet, il faudra choisir un protocole à utiliser pour accéder au service, un format de messages, la façon de les sérialiser, quels mécanismes de transport utiliser et quel mode d'adressage employer. Ces points peuvent être réalisés avec le langage de description de services Web, WSDL [Dal04] (voir ci-après : Le grounding DAML-S / WSDL).

1.7.2.4 Les ressources

Les services Web ont souvent besoin de ces ressources pour pouvoir s'exécuter. Ces ressources sont variées et nombreuses. Il est donc intéressant de les définir dans une ontologie. Cette ontologie doit permettre un niveau d'abstraction assez élevé pour couvrir différentes ressources telles que les ressources temporelles, physiques, etc. [Dal04]. La classe ressource, de l'ontologie, donne les informations relatives aux ressources utilisées par le service Web [ABH+01].

On peut distinguer deux grands types de ressources appelés *Allocation Types* :
- Ressources consommables *(ConsumableAllocation)* : Elles disparaissent avec l'exécution du service, et peuvent être, après utilisation, réapprovisionnées,
- Ressources réutilisables *(ReusableAllocation)* : Elles sont à nouveau disponibles après l'exécution du service.

La mesure de la quantité *(Capacity Types)* d'une ressource peut être de deux sortes.

La première est discrète *(DiscreteCapacity)*, c'est-à-dire qu'une ressource de ce type est consommée en unité entière. La seconde est continue *(ContinuousCapacity)*.

Les ressources proposées par l'ontologie de ressources peuvent être atomiques ou agrégées. Dans le premier cas, nous avons une ressource unique qui est allouée pour l'utilisation du service. Dans le second cas, un ensemble ou un sous-ensemble de ressources doit être alloué afin d'exécuter le service [Dal04].

1.7.2.5 Le grounding DAML-S / WSDL

Un grounding de DAML-S/WSDL est basé sur les trois correspondances suivantes entre DAML-S et WSDL. La figure 1.15 [Hac05] montre les deux premières de ces dernières :

1. Un processus atomique de DAML-S correspond à une opération de WSDL.

2. L'ensemble des entrées et l'ensemble des sorties d'un processus atomique de DAML-S chacun correspond au concept message de WSDL. Avec plus de précision, les entrées de DAML-S correspondent aux parties de message d'entrée d'une opération de WSDL, et les sorties de DAML-S correspondent aux parties de message de sortie d'une opération de WSDL.

3. Les types (classes de DAML[12]+OIL[13]) d'entrées et de sorties d'un processus atomique de DAML-S correspondent à la notion extensible de WSDL du type abstrait (et, en tant que tels, peut être employé dans les spécifications de WSDL des parties de message).

Le travail d'un grounding de DAML-S/WSDL est en premier, de définir, dans WSDL, les messages et les opérations par lesquels un processus atomique peut être accédé, et puis, de spécifier les correspondances (1) et (2) [ABH+02].

---

[12]Darpa Agent Markup Language (http ://www.daml.org/)

[13]Ontology Inference Layer (http ://www.w3.org/TR/owl-ref/)

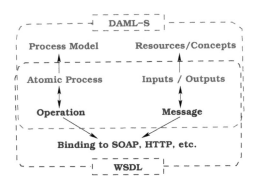

FIG. 1.15 – *Grounding DAML-S / WSDL*

1.8   Conclusion

Les standards actuels des services Web ne sont pas assez riches pour décrire sémantiquement ces services, nous avons alors besoin d'utiliser des annotations dans la description des services Web pour pouvoir les découvrir sémantiquement, on parle alors d'annotations sémantiques qu'on définira dans le chapitre suivant.

CHAPITRE **2**

ANNOTATIONS SÉMANTIQUES

2.1 Introduction

La capitalisation des connaissances dans tout domaine devient un enjeu important, devant la masse considérable de données sur le Web qui concerne des millions de personnes non seulement ne se connaissant pas mais ayant en plus des centres d'intérêt différents, des habitudes différentes, des cultures différentes... De plus, sur le Web, l'information est fortement distribuée, extrêmement volumineuse, évolutive, volatile, très hétérogène et souvent très peu structurée. L'une des ambitions du Web sémantique est de faciliter la tâche de recherche en essayant d'automatiser le traitement de l'information sur le Web et ce en associant à chaque document une annotation dite sémantique basée sur une ontologie décrivant le domaine [KDK04]. Dans ce contexte, il est nécessaire de proposer des méthodes et des outils pour comprendre, manipuler et partager des documents, pour mettre en place des services pertinents et performants. Certains auteurs distinguent les annotations selon leur type :

- On parle d'annotations qui sont de simples " décorations " : il s'agit d'annotations souvent informelles destinées à des humains
- On parle d'annotations sémantiques lorsqu'il s'agit d'annotations formelles destinées à être interprétées par des humains et par des machines.

L'annotation sémantique à partir d'ontologie semble actuellement l'approche la plus prometteuse pour partager et exploiter l'information sur le Web [DJ02]. Les outils d'annotation visent à améliorer la communication et l'interopérabilité sur le Web.

2.2 Méta-données et annotations sur le Web sémantique

L'annotation sémantique est l'idée d'assigner aux entités dans le texte des liens à leurs descriptions sémantiques [PKK+03]. Un des grands principes du Web sémantique est qu'il est nécessaire d'associer aux ressources du Web des informations exploitables par des agents logiciels afin de favoriser l'exploitation de ces ressources [PG03]. Une méta-donnée (ou annotation) est une information structurée et descriptive facilitant et améliorant l'accès, la recherche et l'utilisation de l'information que l'on ajoute à une ressource du Web. Cette dernière peut exister et être exploitée sur le Web indépendamment des annotations qui lui sont associées.

Associer par exemple une notice comprenant des champs : Auteur, Date de création, Date de modification, Mots-clés, à une page Web permet de considérer celle-ci non seulement comme comprenant du texte, mais également des informations structurées à la sémantique connue et utilisable comme telle par un agent logiciel.

Associer une information exploitable à une ressource signifie deux choses essentielles :
 – La première est que cette information doit d'une manière ou d'une autre être structurée, utilisable, et descriptive de la ressource et de son utilisation ;
 – La seconde est que la ressource en question doit exister et pouvoir être exploitée sur le Web indépendamment des informations qui lui sont associées dans le cadre du Web sémantique (celles-ci sont utiles, mais non nécessaires pour accéder et utiliser la ressource, la page Web ou le service).

La figure 2.1 (proposée sur le site http ://www.semanticweb.org/ et repris dans [PG03]) donne une vision de l'utilisation des méta-données dans le Web sémantique. Des pages Web sont annotées à partir de connaissances disponibles dans une ou plusieurs ontologies (qui ont pour objectif de normaliser la sémantique des annotations), et ces annotations, regroupées en entrepôts de méta-données deviennent utiles pour des agents de recherche d'information, faisant ou non appel à des moteurs d'inférence permettant de déduire de nouvelles connaissances formelles des annotations.

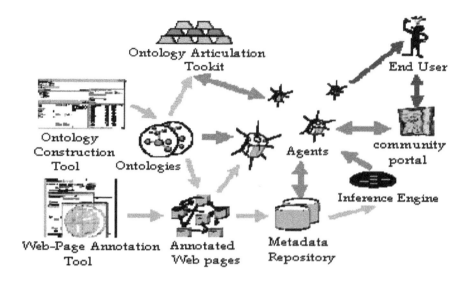

FIG. 2.1 – *Une vision du Web sémantique*

Au-delà de ce schéma, deux termes principaux sont utilisés dans la littérature afin de décrire les informations associées aux ressources : méta-données et annotations.

La communauté anglophone du Web sémantique, circonspecte sur la différenciation, elle considère par exemple dans la figure 2.1 que les annotations de pages Web deviennent des méta-données dès qu'elles sont stockées dans une base sur un serveur [PG03].

Kiryakov et autres [KPT+05] définissent l'annotation sémantique comme étant un schéma spécifique de génération et d'utilisation de métadonnées, visant à permettre de nouvelles méthodes d'accès à l'information et à prolonger celles existantes. Elle est au sujet d'assigner aux entités dans le texte des liens à leurs descriptions sémantiques (comme présenté sur la figure 2.2 [KPT+05]).

Cette sorte de métadonnée fournit la classe et les instances d'informations au sujet des entités. Ce qui est plus important est que les annotations sémantiques automatiques permettent beaucoup de nouveaux types d'applications : valorisation, indexation et découverte, catégorisation, génération de métadonnées plus avancées. L'annotation sémantique est applicable pour n'importe quelle sorte de texte : pages Web, documents réguliers (non Web), champs dans les bases de données, etc... De plus, l'acquisition de la connaissance peut être effectuée sur la base de l'extraction des dépendances plus

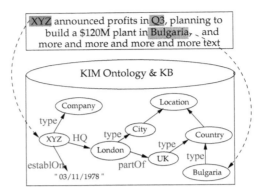

FIG. 2.2 – *Annotation Sémantique*

complexes : de l'analyse des relations entre les entités, la description de l'événement et de la situation, etc.

2.3 Modèle et représentation sémantiques de l'annotation

Il y a un certain nombre de conditions préalables de base à la représentation des annotations sémantiques [KPT⁺05] :

- une ontologie (ou taxonomie, au moins), définissant les classes d'entité ; il devrait être possible que ces classes soient référencées ;
- les identificateurs des entités, qui leur permettent d'être distinguées et liées à leurs descriptions sémantiques ;
- une base de connaissance avec des descriptions d'entité.

Inclure ou ne pas inclure ? C'est la question, qui concerne un choix important qui devrait être fait dans la représentation des annotations. Bien qu'il semble plus facile de maintenir des annotations incluses, il y a un certain nombre d'arguments, démontrant que les annotations sémantiques doivent être découplées du contenu. Une raison principale de ceci est l'ambition de tenir compte des annotations dynamiques, utilisateur spécifique, annotations sémantiques. Réciproquement, les annotations incluses deviennent une partie du contenu et ne peuvent pas changer selon l'intérêt de l'utilisateur ou au contexte de l'utilisation. Une fois fixé, ces annotations sémantiques devraient être gardées séparément du contenu, la prochaine question est si ou non (ou jusqu'à quel degré) les annotations devraient être couplées à l'ontologie et à la base de connaissance. C'est le cas qu'une telle intégration semble profitable, il serait plus facile de maintenir l'annotation dans la synchro avec les descriptions de classe et d'entité. Cependant, il y a au moins trois considérations importantes, comme suit :

– La cardinalité et la complexité des annotations diffèrent de celles des descriptions d'entité, les annotations sont plus simples, mais leur compte est habituellement beaucoup plus grand que l'une des descriptions d'entité ;

– Il serait agréable si la connaissance du monde (l'ontologie et la donnée instance) et la métadonnée relative au document peuvent être maintenues indépendantes ;

– Le plus important, il devrait être possible que la propriété et la responsabilité de la métadonnée et de la connaissance soient distribuées. De cette façon, les différentes parties peuvent développer et maintenir séparément le contenu, la métadonnée, et la connaissance.

Sur la base des arguments ci-dessus, ce qui a était proposé est la représentation et la gestion découplées des documents, des métadonnées (annotations), et de la connaissance formelle (les ontologies et la donnée instance).

2.3.1 Ontologie de niveau supérieur légère

Pour la définition des types d'entité, il convient d'employer une ontologie, celle-ci représente le seul paradigme largement admis pour la gestion de la connaissance ouverte, partageable, et réutilisable d'une certaine manière, qui permet l'interprétation et l'inférence automatiques [KPT+05].

Selon Kiryakov et autres [KPT+05], une ontologie légère (pauvre d'axiomes, ne faisant aucune utilisation des opérateurs logiques "coûteux") est suffisante pour la définition simple des classes d'entité, de leurs attributs et relations appropriées. En même temps elle permet une gestion plus efficace et scalable de la connaissance. L'inconvénient d'employer les ontologies légères est qu'elles présentent un modèle moins expressif et moins proportionné du monde, qui pourrait échouer pour prévoir quelques faits ou imposer quelques contraintes aux interprétations possibles. Par exemple une ontologie légère peut ne pas inclure en soi l'axiome que les ensembles hommes et femmes sont disjoints. Une telle ontologie, n'aiderait pas une machine à décider que si X est un homme, alors il n'est pas une femme, et il ne peut pas être ainsi une mère de Y. Et malgré cet inconvénient, les mêmes auteurs [KPT+05], réclament que les ontologies légères sont susceptibles d'être plus appropriées à l'annotation sémantique, dans la plupart des cas, pour les raisons suivantes :

1. plus facile de les comprendre

2. plus facile de les construire, les vérifier, et les maintenir ; et

36

3. sont plus faciles de les obtenir avec un consensus.

2.3.2 Langage de représentation de la Connaissance

Selon l'analyse des langages et des formats de représentation d'ontologie et de connaissance, il devient évidents qu'en grande partie aucun consensus n'existe au delà de RDF(S) [KPT+05]. La diversité riche des dépôts de RDF(S), d'APIs[1], et des outils forme un environnement mature pour le développement des systèmes, qui sont basés sur une représentation RDF(S) de leurs ressources ontologiques et de connaissance. En raison de l'acceptation commune de RDF(S) dans la communauté du Web sémantique, il serait facile de réutiliser l'ontologie et la base de connaissances *(KB)*, aussi bien que pour les enrichir avec les extensions de domaine spécifique. Le nouveau standard OWL[2] leur offre un espace libre, relativement consensuel, mais lui manque toujours suffisamment de supports d'outil. L'expérience de KIM *(la plateforme d'annotation sémantique)* [PKK+03] montre que pour les objectifs de base de la définition d'ontologie légère et de la description d'entité, RDF(S) fournit l'expressivité suffisante. Les primitives les plus évidentes et agréables à avoir (égalité, relations transitives et symétriques, etc...) sont bien couvertes dans OWL Lite (le premier niveau le plus simple d'OWL).

2.3.3 Codage et gestion de Métadonnées

La métadonnée devrait être stockée dans un format qui permet sa gestion efficace, voici un certain nombre de principes et de conditions vers la gestion de document et d'annotation [KPT+05] :

- les documents (et tout autre contenu) dans différents formats devraient être identifiables et leur contenu des textes devrait être accessible ;
- permettre aux annotations non intégrées sur les documents d'être stockées, contrôlées, et recherchées selon leurs positions, dispositifs, et références à une KB ;
- permettre l'intégration des annotations au moins pour certains formats ;
- permettre l'exportation et l'échange des annotations dans différents formats.

Il y a un certain nombre de standards et d'initiatives, liées au codage et la représentation de métadonnées. Deux des plus populaires sont TEI[3] et Tipster. Le système le plus largement répandu fournissant Tipster comme support d'annotations de document est probablement GATE[4].

---

[1]Application Programming Interface
[2]Ontology Web Language
[3]Text Encoding Initiative
[4]General Architecture for Text Engineering

2.3.4 Base de connaissance

Une fois que nous avons les types d'entités, les relations, et les attributs codés dans une ontologie, le prochain aspect de la représentation d'annotations sémantiques est la description des entités. Il devrait être possible d'identifier, de décrire, et de relier ensemble les entités d'une manière générale, flexible et standard. Le corps de la connaissance formelle au sujet des entités est appelé base de connaissance *(KB)*. On s'attend à ce qu'une KB contienne principalement les instances connaissance/données. L'ontologie (définissant toutes les classes, les relations, et les attributs, ainsi que les contraintes et les dépendances additionnelles) est comme une sorte de schéma pour la KB et ainsi toutes les deux devraient être conservées dans un stock sémantique. Le stock peut (ou peut ne pas) fournir l'inférence, il peut implémenter différentes stratégies de raisonnement, etc...

La KB peut accueillir deux sortes de connaissance d'entité (les descriptions et les relations), comme suit :
- Pré-peuplée : importée ou acquise autrement dans des sources de confiance ;
- Automatiquement extraite : découverte en cours de l'annotation sémantique (c.-à-d. par l'intermédiaire de l'IE[5]) ou employer d'autres méthodes de découverte et d'acquisition de la connaissance.

2.4 Le processus d'annotation sémantique

Beaucoup de recherche et de développement ont été effectué dans le secteur de l'IE automatique, mais le manque de standards et d'intégration avec les systèmes de gestion de connaissances formelles et d'ontologie avaient empêché son utilisation pour l'annotation sémantique. Dans [KPT+05], Kiryakov et autres réclament qu'il est crucial de coder la connaissance extraite formellement et selon des standards bien connus et largement admis pour la représentation de la connaissance et le codage de méta-données. Un tel système devrait être facilement extensible pour des applications de domaines spécifiques, fournissant les moyens de base pour adresser les types d'entités les plus communs, leurs attributs, et les relations entre eux.

Le problème important avec les approches traditionnelles de reconnaissance d'entités nommées est que :
- les annotations produites ne sont pas codées dans un système formel ouvert, et des types d'entité non liés sont employés ;

---

[5]Information Extraction

– Les ressources en usage sont également présentées sous forme propriétaire, sans sémantique claire.

Ces problèmes peuvent être en partie résolus par une infrastructure basée sur l'ontologie pour l'IE. Les types d'entité devraient être définis dans une ontologie, et les entités qui sont identifiées, devraient être décrites dans une KB jointe. Ainsi, les systèmes d'un NLP[6] avec l'appui d'ontologie partageraient plus facilement leur connaissance pré-peuplée et les résultats de leur traitement, comme toutes les différentes sortes de lexiques et d'autres ressources généralement utilisées. Une couche de traitement qui n'est pas présente dans les systèmes traditionnels d'IE peut produire et stocker dans KB des descriptions d'entités nouvellement découvertes, c'est à dire, peut peupler la KB avec de nouvelles instances. La prochaine fois que la même entité est produite dans le texte, elle pourrait être directement liée à la description déjà extraite. De plus, la tâche d'IE est prolongée pour couvrir l'extraction de relations et enrichir, ainsi, la KB avec ces dernières.

Pendant que le contenu Web se développe rapidement, la demande des méthodes plus avancées de découverte augmente en conséquence. Basée sur des annotations sémantiques, l'indexation et les techniques efficaces de découverte ont pu être développées, comportant une manipulation explicite des références d'entités nommées. En un mot, les annotations sémantiques ont pu être employées pour indexer "NY" et "N.Y." comme occurrence de l'entité spécifique "New York", comme s'il y avait juste son identification unique. Puisque les systèmes actuels n'exigent pas la reconnaissance d'entité, ils indexeront sur "NY", "N", et "Y", qui démontre bien certains problèmes avec les moteurs de recherche basés sur les mots clés.

Etant donné l'indexation du contenu basée sur les métadonnées, une requête sémantique avancée devrait être faisable. Dans une requête vers un dépôt de documents sémantiquement annotés, il devrait être possible d'indiquer les restrictions de type d'entité, nom, et autre des restrictions d'attributs, aussi bien que des relations entre les entités voulues. Par exemple, il est possible de faire une requête qui vise tous les documents qui se rapportent à des personnes qui tiennent quelques positions dans une organisation, et qui limitent également les noms des entités ou de certains de leurs attributs (par exemple le genre d'une personne).

---

[6]Natural Language Processing

2.5 Conclusion

L'approche la plus prometteuse pour partager et exploiter l'information sur le Web est bien les annotations sémantiques à partir d'ontologies, après les avoir définit dans ce chapitre, nous allons donné, dans la suite, quelques approches et architectures d'annotation sémantique dans le cadre des services Web.

CHAPITRE 3

APPROCHES ET ARCHITECTURES DES ENVIRONNEMENTS D'ANNOTATIONS

3.1 Introduction

Les services Web révolutionnent l'informatique répartie à grande échelle. Avec la popularité croissante des services Web, la découverte et la composition automatiques des services Web sont de plus en plus désirées [DJZB05] et des issues surgissent pour trouver les services appropriés, particulièrement avec la possibilité de l'existence des milliers de services Web. Les standards actuels appropriés comme UDDI, WSDL, et SOAP sont offerts comme des outils pour la connectivité et l'interopérabilité et se sont concentrés sur les détails opérationnels et syntaxiques pour l'implémentation et l'exécution des services Web [POSV04]. Autrement dit, les standards actuels du Web services, telles que WSDL, ne sont pas assez riches pour accomplir ces tâches, parce qu'ils ne peuvent pas indiquer la sémantique en cours de découverte et de composition [DJZB05].

Le manque de la sémantique dans WSDL le rend non suffisant pour répondre à l'exigence de la composition des services Web et limite également le mécanisme de la découverte des services Web appropriés seulement à la recherche basée sur mots clés. Ainsi il est nécessaire de décrire les services Web plus sémantiquement [DJZB05] [POSV04].

En d'autre terme, le mécanisme courant supporté par UDDI n'est pas assez puissant pour la découverte automatique de services Web. L'inhibiteur principal est le manque de sémantique dans le procédé de la découverte et le fait qu'UDDI n'emploie pas l'information de description de service pendant la découverte. Ceci rend UDDI moins efficace, quoiqu'il fournisse une interface pour mot-clé et la recherche basée par taxonomie. La clé à la découverte sémantique des services Web est la sémantique dans la description elle-même [SVSM03].

Une approche pour ajouter la sémantique à la description de services Web est d'employer DAML-S qui est un nouveau langage, la question qui s'est posé est : pourquoi ne pas utiliser les standards existants *(WSDL et UDDI)* en leurs ajoutant de la sémantique au lieu de créer un nouveau langage plus complexe et non standard ? [SVSM03].

Dans la suite, nous allons décrire certaines approches et architectures d'annotations sémantiques dans le domaine des services Web.

Nous donnons d'abord les définitions de base pour la terminologie que nous employons [AFM+05] :

Sémantique : la sémantique se rapporte à la signification des objets ou de l'information. Avec cette définition, on définit les quatres concepts Input / Output semantics, precondition et effect comme suit :

- **la sémantique d'entrée** *(Input Semantics)* est la signification des paramètres d'entrée comme définie par un certain modèle sémantique ;
- **la sémantique de sortie** *(Output Semantics)* est la signification des paramètres de sortie comme définie par un certain modèle sémantique.
- **Précondition** *(precondition)* une précondition est un ensemble d'expressions, représentées en utilisant les concepts dans un modèle sémantique, qui sont exigées pour être vrais avant qu'une opération puisse être appelée avec succès.
- **Effet** *(effect)* un effet est un ensemble d'expressions, représentées en utilisant les concepts dans un modèle sémantique, qui doivent être vraies après qu'une opération est exécutée après avoir été appelée.

Modèle sémantique : un modèle sémantique représente les termes et les concepts employés pour décrire et représenter un domaine de connaissance ou une certaine partie du monde, y compris un système logiciel. Un modèle sémantique inclut habituellement des concepts dans le domaine d'intérêt, les relations entre eux, leurs propriétés, et leurs valeurs. Généralement, ceci est décrit comme une ontologie.

Annotation sémantique : une annotation sémantique est l'information additionnelle dans un document qui définit la sémantique d'une partie de ce document. Dans le contexte des services Web, les annotations sémantiques sont les éléments de l'information additionnelle dans un fichier WSDL. Ils définissent la sémantique en se rapportant à une partie d'un modèle sémantique qui décrit la sémantique de la partie du fichier étant annoté.

3.2 Quelques approches et architectures des environnements d'annotations

3.2.1 Ajout de la sémantique aux standards des services Web

Une approche pour la découverte sémantique de services Web est d'avoir la capacité de construire des requêtes en utilisant les concepts ontologiques dans un domaine. Il y a un certain nombre d'efforts pour ajouter la sémantique au procédé de découverte, les premiers travaux dans ce secteur ont été la création de DAML-S, qui emploie une ontologie basée sur DAML+OIL pour les services Web. Tandis que DAML-S fournit l'expressivité exigée, il n'a pas des constructions pour représenter les détails de niveau de communication des services Web, c'est pourquoi Sivashanmugam et autres [SVSM03] proposent d'ajouter de la sémantique aux standards existants au lieu de créer un nouveau langage de description. La solution proposée est :

– Ajouter la sémantique à WSDL en utilisant des ontologies en DAML+OIL ;
– Utiliser UDDI pour stocker les annotations sémantiques des services Web basées sur les ontologies partagées et pour rechercher les services Web basés sur ces annotations ;
– Proposition d'un algorithme pour la découverte sémantique des services Web, qui emploie la fonctionnalité du service comme critère principal pour la recherche.

Supposons un simple service Web ayant les opérations *(buyTicket et cancelTicket)* pour la réservation et l'annulation des billets de vol. Afin d'ajouter la sémantique et trouver les opérations appropriées, ces opérations devraient être mappées (faire des correspondances) aux concepts ontologiques appropriés en DAML+OIL qui décrivent la fonctionnalité des opérations. Les opérations buyTicket et cancelTicket sont mappées aux concepts ontologiques TicketBooking et TicketCancellation respectivement. Ceci permettra aux utilisateurs de rechercher des opérations basées sur des concepts ontologiques.

L'utilisation des ontologies apporte une aide pour appliquer le mécanisme de raisonnement pour trouver une meilleure solution. Par conséquent, en employant les ontologies en DAML+OIL dans WSDL, la sémantique implicite par ces structures dans les descriptions de service, qui sont connues seulement par l'auteur de la description, peut être rendue explicite. Sur la figure 3.1 [SVSM03], les conepts input TravelDetails et output Confirmation de WSDL sont mappées, respectivement, aux concepts ontologiques TicketInformation et ConfirmationMessage.

Chaque opération peut avoir un certain nombre de préconditions et d'effets. Les pré-

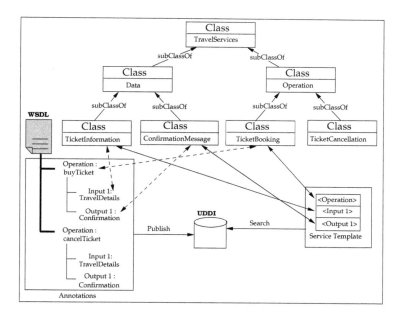

FIG. 3.1 – *Annotation, publication et découverte sémantiques*

conditions peuvent être des conditions logiques, qui doivent être vraies pour exécuter l'opération. Les effets sont les changements après l'exécution de l'opération. La proposition donnée est d'ajouter les éléments *precondition* et *effect* comme enfants de l'élément opération de WSDL. Pour l'exemple ci-dessous, on ajoute les préconditions et les effets supplémentaires à chacune des opérations dans la description WSDL. Les lignes suivantes montrent que l'opération buyTicket, qui est mappée au concept ontologique TicketBooking, a la précondition et l'effet mappés aux concepts ontologiques ValidCreditCard et CardCharged-TicketBooked-ReadyForPickUp respectivement.

```
<wsdl :operation name="buyTicket" parameterOrder="in0" LSDISExt :
    operation-concept="LSDISOnt :TicketBooking">
  <wsdl :input message="intf :OperationRequest" name="buyTicketRequest"/>
  <wsdl :output message="intf :OperationResponse"
      name="buyTicketResponse"/>
  <LSDISExt :precondition name="ValidCreditCard" LSDISExt :
      precondition-concept="LSDISOnt :ValidCreditCard"/>
  <LSDISExt :effect name="TicketBooked" LSDISExt :effect-concept=
      "LSDISOnt :CardCharged-TicketBooked-ReadyForPickUp"/>
</wsdl :operation>
```

Pour l'ajout de la sémantique à UDDI et pour fournir la découverte sémantique, les deux tâches suivantes doivent être exécutées :

- Stocker l'annotation sémantique des services Web dans les structures existantes d'UDDI (voir la figure 3.1)
- Décrire la requête en utilisant des concepts ontologiques.

Pendant la publication de services Web, les concepts ontologiques représentant les opérations et leurs messages, les préconditions et les effets de description WSDL du service Web sont stockés en utilisant les structures d'UDDI tModels et CategoryBags. tModels sont des formes de métadonnées dans la structure de données d'UDDI qui fournissent la capacité de décrire la conformité avec la spécification, le concept ou la compréhension partagée. Quand un tModel est inscrit dans UDDI, il lui est assigné une clé unique, qui peut être employée par des entités pour le référencer. Pour classer les entités par catégorie dans UDDI, les tModels sont employés en relation avec CategoryBags, qui sont des structures de données qui permettent à des entités d'être classées par catégorie selon un ou plusieurs tModels. En utilisant la nouvelle construction groupante keyedReferenceGroups dans les spécifications de la version 3 d'UDDI, la catégorisation employant tModels peut être groupée. Pour grouper des opérations avec leurs entrées et sorties, keyedReferenceGroup est utilisé avec tModels.

Quatre tModels sont créés dans le registre pour représenter l'information sémantique dans UDDI :

1. tModel représentant l'ontologie des concepts qui représentent la fonctionnalité des opérations dans un domaine approprié,

2. tModel représentant l'ontologie des concepts d'entrée,

3. tModel représentant l'ontologie des concepts de sortie,

4. tModel représentant le groupement de chaque opération avec ses entrées et sorties.

Tous les tModels peuvent être liés à une simple ontologie globale.

Dans l'exemple précédent, deux keyedReferenceGroups peuvent être créés pour le fichier WSDL, comme suit, pour représenter deux opérations, buyTicket et cancelTicket avec leurs entrées et sorties :

```
<businessService businessKey="uddi :LSDIS-Travel.example" serviceKey="...">
...<categoryBag>
    <keyedReferenceGroup tModelKey="uddi :ubr.uddi.org :categorizationGroup :
        MAPPINGGROUP">
        <keyedReference tModelKey="uddi :ubr.uddi.org :categorization :
        OPERATION-CONCEPTS" keyName="buyTicket" keyValue="TicketBooking"/>
        <keyedReference tModelKey="uddi :ubr.uddi.org :categorization :
        INPUT-CONCEPTS" keyName="Input" keyValue="TicketInformation"/>
        <keyedReference tModelKey="uddi :ubr.uddi.org :categorization :
        OUTPUT-CONCEPTS" keyName="Output" keyValue="ConfirmationMessage"/>
    </keyedReferenceGroup>
    <keyedReferenceGroup tModelKey="uddi :ubr.uddi.org :categorizationGroup :
        MAPPINGGROUP">
        ... </keyedReferenceGroup>
...</categoryBag>
</businessService>
```

Chaque référence est indexée a un keyValue, qui représente un concept ontologique, et un tModelKey qui représente l'ontologie elle-même. Par exemple, le tModel OPERATION-CONCEPTS est employé pour stocker le mapping entre une opération de WSDL et un concept de l'ontologie. De même les entrées et les sorties de chaque opération sont mappées en utilisant, respectivement, les tModels INPUT-CONCEPTS et OUTPUT-CONCEPTS.

- **La découverte sémantique de services Web**

La figure 3.1 montre le processus conceptuel de mapping des constructions de WSDL aux noeuds d'une ontologie de domaine spécifique. Ce mapping est alors stocké dans UDDI pendant la publication du service Web. Comme représenté sur la figure 3.1, les opérations buyTicket et cancelTicket sont mappées aux noeuds TicketBooking et TicketCancellation respectivement, le concept TravelDetails d'entrée et le concept Confirmation de sortie dans le fichier WSDL sont mappés aux noeuds TicketInformation et ConfirmationMessage, respectivement, dans l'ontologie de TravelServices.

L'algorithme triphasé pour la découverte sémantique de service Web exige des utilisateurs d'entrer les besoins de service Web en utilisant des concepts ontologiques. Comme son nom l'indique, il est composé de trois phases :

Phase1 : l'algorithme matche (compare) les services Web (opérations dans différents fichiers WSDL) en se basant sur la fonctionnalité fournie,

Phase2 : le résultat donné par la première phase est classé sur la base de la similarité sémantique entre les concepts d'entrée et de sortie des opérations choisies et les concepts d'entrée et de sortie du modèle, respectivement,

Phase3 : elle est facultative et concerne le rang basé sur la similarité sémantique entre les concepts précondition et effet des opérations choisies et les concepts précondition et effet du modèle.

3.2.2   Le cadre METEOR-S d'annotation de services Web

METEOR-S Web Service Annotation Framework *(MWSAF)*, pour annoter semi automatiquement les descriptions WSDL des services avec les ontologies appropriées, est une partie d'un projet, METEOR-S, un effort pour créer des processus Web sémantiques, au laboratoire LSDIS, université de la Géorgie. Un certain nombre d'algorithmes sont mis en application pour matcher (comparer) les concepts dans les fichiers WSDL aux ontologies. Le problème est que la différence dans l'expressivité du schéma XML et l'ontologie rend très difficile le matching de ces deux modèles directement [POSV04]. Une solution possible à ce problème est de convertir les deux modèles en un format de représentation commun pour mieux faciliter le matching. Patil et autres [POSV04] ont employé cette approche et ont conçu un format de représentation appelé SchemaGraph. Le SchemaGraph fournit ainsi une solution générique où les ontologies, en n'importe quel langage comme DAML, RDF-S, ou OWL etc., peuvent être employées. Un SchemaGraph est un ensemble de noeuds reliés par des arcs. Ils utilisent des fonctions de conversion pour convertir le schéma XML et l'ontologie[1] en SchemaGraphs.

WSDL2Schema et Ontology2Schema, sont les fonctions de conversion utilisées pour convertir, respectivement, le schéma XML et l'ontologie en SchemaGraph en employant un certain nombre de règles de conversion.

Une fois l'ontologie et le schéma XML sont représentés dans une représentation commune de SchemaGraph, un algorithme de matching est appliqué pour trouver les mappings entre eux. Une fois qu'un concept est matché contre tous les concepts dans l'ontologie, le meilleur mapping doit être sélectionné pour l'annotation.

Chaque concept de SchemaGraph WSDL est comparé contre les concepts de SchemaGraph ontologie. La fonction findMapping listée dans le tableau 3.1 [POSV04] renvoie le mapping entre une paire de concepts WSDL et ontologie, qui consiste en wc_i, oc_i *(concept de WSDL et concept d'ontologie)* et de MS *(Match Score)*.

---

[1] Actuellement ils emploient des ontologies représentées en utilisant RDF-S et un sous-ensemble de DAML+OIL.

FUNCTION findMapping
INPUTS wc$_i$ ∈ W, oc$_i$ ∈ O
où, W est l'ensemble de tous les éléments dans le fichier WSDL, W=wc$_1$, wc$_2$, wc$_3$, ..., wc$_n$ dans la représentation SchemaGraph et O est l'ensemble des concepts ontologiques d'une ontologie dénoté par O=oc$_1$, oc$_2$, oc$_3$, ..., oc$_m$ dans la représentation SchemaGraph
OUTPUT m$_i$ = (wc$_i$, oc$_j$, MS)
où, m$_i$ est le mapping entre wc$_i$ et oc$_j$ et MS est le Match Score calculé pour le mapping wc$_i$ et oc$_j$ (MS ∈ [0,1])

TAB. 3.1 – Vue d'ensemble de la fonction findMapping

Le MS est composé de deux mesures différentes : Element Level Match *(ElemMatch)* et Schema level Match *(SchemaMatch)*. ElemMatch fournit la similarité linguistique de deux concepts tandis que SchemaMatch prend soin de la similarité structurale. Le MS est calculé comme moyenne équilibrée d'ElemMatch et de SchemaMatch comme le montre la formule suivante [POSV04] :

$$MS = \frac{w1*ElementMatch + w2*SchemaMatch}{w1 + w2}$$

Tels que, (0≤w1≤1) (0≤w2≤1)

Les poids w1 et w2 indiquent, respectivement, la contribution de ElemMatch et de SchemaMatch dans le MS total. Si deux concepts ont une structure de matching alors le plus grand poids devrait être donné au SchemaMatch. Si un concept de WSDL n'a aucune structure alors le SchemaMatch ne devrait pas être considéré. Basé sur ces conditions, les valeurs w1 et w2 sont données comme montrées dans le tableau 3.2 [POSV04].

ElemMatch est la mesure de la similarité linguistique entre deux concepts basée sur leurs noms. Ici les concepts de WSDL et de l'ontologie sont supposés avoir des noms significatifs. La fonction ElemMatch emploie divers algorithmes de matching de noms et de string comme NGram, synonym matching, abbreviation expansion, stemming, tokenization, etc.

SchemaMatch est la mesure de similarité structurale entre deux concepts. Beaucoup de concepts du schéma XML et de l'ontologie sont exprimés en termes d'autres concepts. Par conséquent tout en matchant de tels concepts, il est important de matcher l'arbre de sous-concepts sous ce concept également. *SchemaMatch* explique ceci en calculant le centre géométrique de la similarité de sous-concept (*subConceptSim*) et du matching

Condition	w1	w2
Defaut	0.4	0.6
SchemaMatch > 0.9, ElemMatch < 0.9	0.1	0.9
SchemaMatch > 0.75, ElemMatch < 0.75	0.2	0.8
SchemaMatch > 0.65, ElemMatch < 0.65	0.3	0.7
SchemaMatch < 0.5, ElemMatch > 0.5 et le concept de WSDL est de SimpleType	1	0
SchemaMatch < 0.5, ElemMatch < 0.5 et le concept de WSDL est de SimpleType	0.5	0.5

TAB. 3.2 – Valeurs de poids pour la calculatrice MS

du sous-concept (*subConceptMatch*). La formule pour le calcul de SchemaMatch est :

$$\textbf{SchemaMatch} = \sqrt{\textbf{subConceptSim} * \textbf{subConceptMatch}}$$
Où : subConceptSim ∈ [0,1], subConceptMatch ∈ [0,1]

- *subConceptSim* est le score moyen de matching de chaque propriété individuelle du concept :

$$\textbf{subConceptSim} = \sum_{i=1}^{n}\textbf{MS}(\textbf{subConcept}_i)/\textbf{n}$$
Où, n = nombre de sous-concepts du concept principal

- *subConceptMatch* peut être définie comme fraction du nombre total de propriétés matchées d'un concept :

$$\textbf{subConcept Match} = \frac{\textbf{nb (matched subConcepts)}}{\textbf{nb (total subConcepts)}}$$

Le tableau 3.3 [POSV04] montre comment *subConceptSim* et *subConceptMatch* sont calculés. *Pressure* est le concept de WSDL avec les sous concepts *delta, slp* et *relative_humidity*. Et le *PressureEvent* est le sous-concept ontologique avec les propriétés *Sea Level Pressure, RelativeHumidity* etc.

WSDL Concept Pressure	Ontological Concept PressureEvent	MS
Delta	....	0
Slp	Sea Level Pressure	1
Relative_humidity	RelativeHumidity	1
subConceptSim (Pressure, PressureEvent) = (1+1+0)/3 = 0.667		
subConceptMatch (Pressure, PressureEvent) = 2/3 = 0.667		

TAB. 3.3 – Calcul de SchemaMatch

• Recherche du meilleur mapping

Comme chaque concept de WSDL est comparé contre tous les concepts ontologiques, il est nécessaire de trouver le meilleur concept matché. La fonction *getBestMapping* énumérée dans le tableau 3.4 [POSV04] a été implémentée :

FUNCTION	getBestMapping
INPUTS	$wc_i \in W$, $O = oc_1, oc_2, oc_3, ..., oc_m$
OUTPUT	$Best(m_i = (wc_i, oc_j, MS))$

TAB. 3.4 – Vue d'ensemble de la fonction getBestMapping

Cet algorithme maintient une variable pour le meilleur mapping, dont MS est vérifiée au mapping nouvellement généré. Si un nouveau mapping a un meilleur MS, il est assigné en tant que meilleur mapping.

• Classement et annotation de WSDL

Chaque fichier WSDL, est comparé à toutes les ontologies dans le stock d'ontologies *Ontology-store* (voir l'architecture, figure 3.2 [POSV04]). Pour chaque ontologie, un ensemble de mappings est créé. Deux mesures sont dérivées de cet ensemble de mappings :

1. le matching moyen de concept (*avgConceptMatch*) : cette mesure indique à l'utilisateur le degré de similarité entre les concepts matchés du schéma de WSDL et l'ontologie. Elle est utilisée comme moyen pour décider si les mappings calculés sont acceptés pour l'annotation. Elle est normalisée sur l'échelle de 0 à 1 où 0 ne dénote aucune similarité et 1 dénote la similarité complète. Elle est calculée comme suit :

avgConcept Match $= \sum_{i=1}^{k}$ **MS** $(\mathbf{m}_i)$ **/k**

Où, k = nombre de concepts mappés

2. le matching moyen de service (*avgServiceMatch*) : cette mesure nous aide à classer le service dans les catégories. On le calcule comme le matching moyen de tous les concepts d'un schéma de WSDL et d'une ontologie de domaine. Le domaine de l'ontologie correspondant au meilleur matching moyen de service représente également le domaine du service Web. Elle est normalisée sur l'échelle de 0 à 1 et calculée comme suit :

avgService Match $= \sum_{i=1}^{k}$ **MS** $(\mathbf{m}_i)$ **/n**

Où, k = nombre de concepts mappés, n = nombre total de concepts

Dans le tableau 3.5 [POSV04], nous pouvons voir que le service *AirportWeather* est mieux matché avec l'ontologie *Weather-ont* (5 concepts mappés sur 8) qu'avec l'ontologie *Geo* (2 concepts mappés sur 8). Par conséquent, le domaine du service *Airport-Weather* est *Weather*. De même, le service *IMapQuest* est de domaine géographique.

Web Service	Ontology	total concepts	mapped concepts	Avg concept Match	avg service Match
Airport Weather	Weather-ont	8	5	0.756	0.47
Airport Weather	Geo	8	2	0.655	0.16
IMapQuest	Geo	9	6	0.9	0.6
IMapQuest	Weather-ont	9	2	0.388	0.075

TAB. 3.5 – avgServiceMatch et avgConceptMatch

- **Architecture de MWSAF**

Les trois composants principaux de MWSAF (représentés sur la figure 3.2 [POSV04]) sont :

Stock d'ontologies *(Ontology-Store)* : Ces ontologies seront employées par le système pour annoter les descriptions service Web. Les ontologies sont classées par catégorie de domaines. Le système permet à l'utilisateur d'ajouter de nouvelles ontologies au stock d'ontologies. Actuellement le système supporte des ontologies de DAML, et de RDF-S. Ces ontologies sont stockées en tant que fichiers comme ".daml" ou ".rdfs" dans différents dossiers. Les noms de ces dossiers correspondent aux noms de domaine ;

Bibliothèque de traducteurs *(Translator Library)* : Elle comprend les programmes qui sont employés pour produire des représentations SchemaGraph, tels que *WSDL2graph* et *Ontology2graph*. *WSDL2graph* prend en entrée le fichier WSDL à annoter et produit la représentation SchemaGraph. De la même façon, *Ontology2Graph* produit du SchemaGraph pour l'ontologie ;

Bibliothèque de matchers *(Matcher Library)* : Elle fournit deux types d'algorithmes de matching : des algorithmes de matching de niveau élément *(element level matching algorithms)* et des algorithmes de matching de schéma *(schema matching algorithms)*. Un algorithme de matching de schéma, *findGraphMatch*, est implémenté. Les algorithmes de matching de niveau élément fournis par la bibliothèque incluent *NGram*, *TokenMatcher*, *CheckSysnonyms* et *CheckAbbreviations*. La bibliothèque de matchers fournit également à l'utilisateur l'option pour ajouter de nouveaux algorithmes de matching en utilisant une API[2].

---

[2]Application Programming Interface

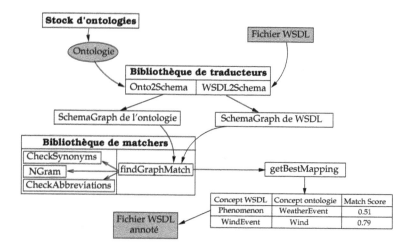

FIG. 3.2 – *Architecture de MWSAF*

3.2.3 Annotation des services Web en utilisant le mapping d'ontologies

Cette approche [DJZB05] combine ensemble les deux domaines : l'utilisation d'une ontologie supérieure dans la description des services Web, qui est actuellement un domaine de recherche actif, et l'alignement d'ontologies qui vise à résoudre les problèmes d'hétérogénéité dans le Web sémantique (comme transformer une source en une autre, créer un ensemble de règles entre les ontologies, ou montrer les correspondances) pour donner une méthode qui annote les services Web avec de la sémantique. Cette approche produit une description OWL-S[3] pour le service Web du standard service Web actuel WSDL. Cette approche peut être divisée en trois étapes :

- traduire le schéma XML en une ontologie provisoire,
- mapper cette ontologie provisoire avec les ontologies partagées existantes,
- préserver le résultat mappé et l'utiliser pour produire des fichiers OWL-S à partir du fichier WSDL.

La figure 3.3 [DJZB05] montre une vue d'ensemble de l'architecture. La traduction dans la première partie est basée sur plusieurs règles qui font une correspondance entre les éléments du schéma XML et les concepts d'ontologie d'OWL. La structure du schéma XML sera préservée. Les noms des éléments avec le targetNamespace du schéma XML seront traduits en URIs dans l'ontologie d'OWL. Le résultat de la traduction est une ontologie provisoire d'OWL.

Dans la deuxième étape, on se sert de la similarité morphologique et structurale pour trouver le mapping entre l'ontologie provisoire et l'ontologie partagée existante du domaine. Le résultat de la deuxième étape est un fichier mappé. Dans le fichier mappé, chaque concept de l'ontologie provisoire fera une paire avec son concept matché dans l'ontologie existante. Le résultat peut également être vu comme mapping entre le schéma XML et l'ontologie existante, puisque la traduction dans la première étape est une correspondance de 1 : 1.

Dans la troisième étape, une description OWL-S du service Web sera produite à partir du fichier WSDL en utilisant le résultat du mapping. La description contient trois parties : ServiceProfile, ServiceModel, et ServiceGrounding. Le fichier du mapping est également préservé comme partie du résultat final.

---

[3]Ontology Web Language - Service

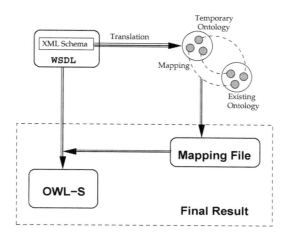

FIG. 3.3 – *Vue d'ensemble de l'architecture*

• **Schéma XML à l'ontologie**

Le schéma XML et l'ontologie d'OWL partagent une base commune, une structure hiérarchique. La traduction dans la première étape est principalement basée sur cette base. Pour éclaircir la description, quelques notations sont définies. Dans le schéma XML, les éléments qui apparaissent comme les fils directs *(direct children)* du schéma s'appellent les éléments globaux. Les autres éléments, sont appelés les éléments locaux. Les sous-éléments d'un complexType indiquent les éléments directs du fils *(direct child elements)* de ce complexType. Et un complexType s'appelle la superstructure de ses sous éléments. Comme exemple de règles de traduction nous prendrons :

– **Règle 1** : Le targetNamespace du schéma XML est traduit en namespace d'OWL. Cette règle s'assure que tous les noms des éléments du schéma XML peuvent être employés directement dans l'ontologie d'OWL. On note que s'il y a un certain conflit d'appellation, nous pouvons ajouter différents nombres après chaque nom pour les distinguer.

– **Règle 2** : complexType est traduit en owl :Class. C'est la règle la plus générale et devrait être employée tant de fois qu'il y a des complexType dans le schéma.

Cette traduction est principalement basée sur ces règles générales. Selon ces règles, la traduction fait une correspondance linéaire entre le schéma XML et l'ontologie d'OWL sur les aspects morphologiques et structuraux.

• Mapping d'ontologies

Le mapping d'ontologie, qui est également connu comme alignement d'ontologie, est un sujet actif dans le Web sémantique. Le problème d'alignement d'ontologie peut être décrit comme : donner deux ontologies dont chacune décrit un ensemble d'entités discrètes (classes, propriétés, etc.), trouver les relations entre ces entités.

Pour chaque deux entités, cette méthode de mapping d'ontologie concerne deux aspects : similarité terminologique et similarité structurale. La similarité terminologique doit comparer la similarité morphologique entre les noms de deux entités par une fonction de mesure. Dans cette approche, la distance de Levenstein est employée comme fonction de mesure. La similarité structurale de deux entités sera calculée en se basant sur la similarité terminologique de leurs entités relatives. Le score de similarité pour les deux entités est calculé par la moyenne globale de leur similarité terminologique et de la similarité structurale.

• Génération d'OWL-S

OWL-S emploie trois types de connaissance pour décrire un service Web : Service-Profile, ServiceModel et ServiceGrounding. Le ServiceProfile est employé pour décrire ce que fait un service Web, le ServiceModel décrit comment cela fonctionne et le ServiceGrounding est employé pour indiquer comment y accéder à ce service.

En ce basant sur un ensemble de règles, par exemple :

- Un portType dans WSDL deviendra un ProcessModel dans ServiceModel,
- Une opération dans WSDL deviendra un processus atomique dans ServiceModel,
- Les messages d'entrée et de sortie d'une opération deviendront, respectivement, les entrées et les sorties d'un processus atomique.

La troisième étape de cette approche accomplit la génération de ServiceModel et de ServiceGrounding d'OWL-S. Elle couvre également une partie de ServiceProfile, c'est l'information d'entrée et de sortie du service Web. La partie restante de ServiceProfile, comme contactInformation, sera ajoutée manuellement.

Le résultat final dans cette approche préserve également le résultat du mapping, puisqu'il inclut toute l'information mappée. Il est considéré très utile pour les travaux futurs, tels que le mécanisme de matching de service dans la découverte et la composition de service.

3.3 Synthèse

L'approche "Ajout de la sémantique aux standards des services Web [SVSM03]" est basée sur les standards syntaxiques existants *(WSDL, UDDI)*, le mapping dans cette approche est manuel, ce qui fait la difficulté du mapping vue le nombre de concepts que peuvent avoir les ontologies. Ceci exclut aussi le cas où une description WSDL peut être mappée automatiquement à de nouvelles ontologies. La requête est écrite en utilisant les concepts ontologiques. En utilisant un traducteur de l'ontologie vers le schéma graphe dans l'approche "le cadre METEOR-S d'annotation de services Web [POSV04]", l'ontologie peut perdre sa sémantique. Dans l'approche "Annotation des services Web en utilisant le mapping d'ontologies [DJZB05]", le résultat final est la génération d'OWL-S qui n'est pas un standard de services web, dans cette approche la structure du fichier de mapping est un ensemble de couples *(concept ontologie provisoire, concept ontologie existante)* et on peut voir ça comme un ensemble de couples *(concept WSDL, concept ontologie)*. Ce fichier est préservé comme partie du résultat final pour une utilisation ultérieure or qu'on a pas inclut dans ce dernier l'information si le concept WSDL mappé est une opération, une entrée ou une sortie.

3.4 Conclusion

Le domaine des services Web sémantiques est au stade de recherche. Cependant toutes les approches et techniques proposées utilisent des ontologies pour mapper leurs concepts aux concepts des fichiers de description de services Web pour donner un sens à leurs paramètres et sémantiser, ainsi, ces services afin de permettre leur découverte sémantique.

Par rapport aux deux autres techniques présentées dans ce chapitre, la première, [SVSM03], est plus simple et basée sur les standards existants, la requête dans cette technique est écrite en utilisant les concepts ontologiques. Ce qui exclut, durant l'exécution du processus de la découverte, les services mappés à de nouvelles ontologies, on essayera dans la suite de porter un plus dans ce sens.

CHAPITRE 4

PROPOSITION D'UNE APPROCHE D'ANNOTATION ET D'UN ALGORITHME POUR LA CONSTRUCTION DE REQUÊTES SÉMANTIQUES

4.1 Introduction

Avec la popularité croissante des services Web, des issues surgissent pour trouver les services appropriés, particulièrement avec la possibilité de l'existence des milliers de services Web. Patil et autres [POSV04] envisagent les services Web comme étant initialement appliqués plus aux défis de l'adresse B2B[1]/EAI[2], plutôt que les services de B2C[3]. Dans ce contexte, les services Web seront employés comme éléments des plus grands processus Web qui résultent de la composition de services Web.

Le mécanisme de recherche des services Web se limite aux recherches basées sur mots clés, dû à la concentration des standards courants sur les détails opérationnels et syntaxiques pour l'implémentation et l'exécution des services Web ; Considérant le scénario, où un utilisateur veut un service Web qui prend "code de station météorologique" comme entrée et donne "des conditions atmosphériques" comme sortie. Le mécanisme courant de recherche dans un dépôt populaire de services Web comme Salcentral.com permet seulement des recherches par mots-clés. La recherche du mot-clé "temps" donne près de 3% de tous les services Web dans ce dépôt. Elle renvoie tous les services Web, qui ont le temps, mentionnés dans leur description. L'utilisateur doit manuellement analyser les fichiers WSDL pour trouver le service approprié. Avec la possibilité de l'existence des milliers de services Web, la recherche syntaxique courante

---

[1]Business to Business
[2]Enterprise Application Integration
[3]Business to Customer

avec l'intervention manuelle serait intenable [POSV04].

⇒ La recherche dans le Web sémantique a prouvé que les annotations peuvent nous aider à résoudre le problème des recherches basées sur mots clés inefficaces. Ce concept peut être prolongé aux services Web pour envisager des services Web sémantiques.

⇒ La description sémantique des services permettra une meilleure découverte, une interopération et une composition plus faciles des services Web.

Plusieurs approches ont été déjà suggérées pour ajouter la sémantique aux services Web. La sémantique peut être ajoutée à WSDL, le standard syntaxique de description de services Web, en utilisant des ontologies en DAML-OIL [SVSM03]. Dans cette approche, les annotations sémantiques des services Web sont basées sur des ontologies partagées et sont stockées dans UDDI qui permettra une recherche basée sur ces annotations.

– Les concepts de WSDL sont mappés manuellement à l'ontologie

Le problème est celui de trouver l'ontologie ou les ontologies appropriées. Du fait qu'un service peut toucher plusieurs domaines, il peut devoir être mappé à un certain nombre d'ontologies. Et aussi le nombre de concepts des descriptions de services Web et de l'ontologie peut être considérable, et rend ainsi le mapping très difficile. Une solution à ça est de penser à un stock d'ontologies dont lequel on peut toujours ajouter des ontologies, et de faire le mapping automatiquement.

– La requête de l'utilisateur, dans cette approche, est construite en utilisant les concepts ontologiques

Ainsi, si on utilise un stock d'ontologie (voir la figure 4.1) et le mapping automatique et si on écrit la requête avec le vocabulaire de l'ontologie, les services mappés à une nouvelle ontologie ajoutée à la base après l'écriture de cette requête seront exclus du champ de recherche.

On suggère alors que la requête de l'utilisateur soit écrite en utilisant le vocabulaire de WSDL, et la requête sémantique sera construite dynamiquement en utilisant le fichier mapping.

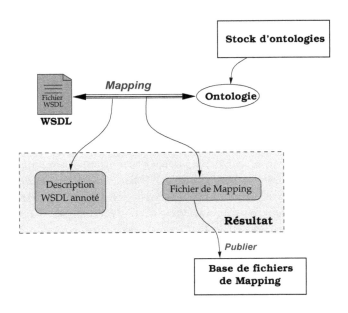

FIG. 4.1 – *Annotation de la description WSDL et publication du fichier Mapping*

4.2 Structure du fichier mapping

Le fichier mapping est un ensemble de triplets (concept de WSDL, concept de l'ontologie, type), les concept de WSDL et de l'ontologie sont mappés avec un certain degré de similarité.

Fichier mapping = {(cw_i, co_j, type)} tels que cw_i : concept de WSDL, co_j : concept de l'ontologie et type ∈ {operation, input, output}

L'attribut *type* sera utilisé par l'interface de construction de requêtes sémantiques et l'algorithme de la découverte sémantique de services Web.

4.3 Construction de la requête sémantique

La requête de l'utilisateur sera décrite avec le vocabulaire de WSDL, ce qui fait que nous avons peu de chance pour retrouver les services appropriés, la base de fichiers de mapping sera utilisée pour la construction d'une requête sémantique à partir de la requête de l'utilisateur (voir figure 4.2).

Comme montré sur la figure 4.2, l'interface de construction de requêtes sémantiques consiste à :

– trouver tous les concepts ontologiques, dans le fichier de mapping, qui sont similaires aux concepts de la requête,
– remplacer chaque concept de la requête par ses correspondants dans le fichier de mapping.

Il se peut qu'on trouve, pour les concepts de la requête, plusieurs concepts similaires dans le fichier de mapping, on obtient ainsi l'union d'un ensemble de requêtes sémantiquement décrites pour une seule requête de l'utilisateur :

$\mathbf{R} = \mathbf{R}_1 \cup \mathbf{R}_2 \cup ... \cup \mathbf{R}_n$ *telles que :*

– *R : est la requête de l'utilisateur,*
– *R_1, R_2, ... et R_n sont les requêtes obtenues en remplaçant les concepts de la requête, décrite syntaxiquement, par des concepts ontologiques extraits dans les fichiers de mapping.*

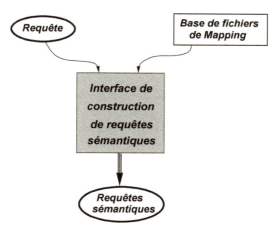

FIG. 4.2 – *Construction de requêtes sémantiques*

4.4 Algorithme de construction de requêtes sémantiques

Début

Lire (requête) ;

Prendre chaque paramètre de la requête ;

Tant que non fin (fichier mapping) **faire**

Si (le mot de la requête correspond au fichier mapping.type) et

(le mot de la requête est similaire à fichier mapping.conceptOnto) **alors**

Ajouter fichier mapping.conceptOnto à la requête sémantique

Fin si

fichier mapping.next

Fin tant que

Fin.

Remarque : On pourra utiliser le même algorithme de mapping du fichier WSDL à l'ontologie pour construire notre requête sémantique. Mais nous avons utilisé le fichier de mapping pour ne pas inclure dans la requête sémantique des concepts ontologiques qui ne sont mappés à aucun fichier WSDL, donc simplifier la requête sémantique et minimiser le temps d'exécution du processus de la découverte de services.

- **Exemple explicatif**

Dans l'exemple suivant, nous ne donnons que les noms des services, les concepts opérations de chaque service et les entrées et sorties de chaque opération, nous donnons aussi les concepts ontologiques correspondants aux concepts WSDL.

Nom du service	operation WSDL	concept ontologique	input WSDL	concept ontologique	output WSDL	concept ontologique
	op_1s_1	c_1o_1	$i_1op_1s_1$	$c_1{'}o_1$	$o_1op_1s_1$	$c_1{''}o_1$
S_1		c_1o_2	$i_2op_1s_1$	$c_1{'}o_2$	$o_2op_1s_1$	$c_1{''}o_2$
	op_2s_1	c_2o_2	$i_1op_2s_1$	$c_2{'}o_2$	$o_1op_2s_1$	$c_2{''}o_2$
S_2	op_1s_2	c_3o_1	$i_1op_1s_2$	$c_3{'}o_1$	$o_1op_1s_2$	$c_3{''}o_1$
S_3	op_1s_3	c_4o_1	$i_1op_1s_3$	$c_4{'}o_1$	$o_1op_1s_3$	$c_4{''}o_1$
S_4	op_1s_4	c_1o_1	$i_1op_1s_4$	$c_1{'}o_1$	$o_1op_1s_4$	$c_1{''}o_1$
	op_2s_4	c_3o_1	$i_1op_2s_4$	$c_3{'}o_1$	$o_1op_2s_4$	$c_3{''}o_1$
S_5	op_1s_5	c_1o_2	$i_1op_1s_5$	$c_1{'}o_2$	$o_1op_1s_5$	$c_1{''}o_2$

TAB. 4.1 – Exemple de services Web mappés aux ontologies

Tels que :

- s_i : service n° i
- op_ns_m : opération n du service m
- $i_iop_ns_m$: entrée (input) i de l'opération n du service m
- $o_iop_ns_m$: sortie (output) i de l'opération n du service m
- c_io_j : concept i de l'ontologie j

Le fichier de mapping correspondant est le suivant :

Concept WSDL	Concept ontologique	Type
op_1s_1	c_1o_1	opération
op_1s_1	c_1o_2	opération
$i_1op_1s_1$	$c_1{'}o_1$	entrée
$i_2op_1s_1$	$c_1{'}o_2$	entrée
$o_1op_1s_1$	$c_1{''}o_1$	sortie
$o_2op_1s_1$	$c_1{''}o_2$	sortie
op_2s_1	c_2o_2	opération
$i_1op_2s_1$	$c_2{'}o_2$	entrée
$o_1op_2s_1$	$c_2{''}o_2$	sortie
op_1s_2	c_3o_1	opération
$i_1op_1s_2$	$c_3{'}o_1$	entrée
$o_1op_1s_2$	$c_3{''}o_1$	sortie
op_1s_3	c_4o_1	opération
$i_1op_1s_3$	$c_4{'}o_1$	entrée
$o_1op_1s_3$	$c_4{''}o_1$	sortie
op_1s_4	c_1o_1	opération
$i_1op_1s_4$	$c_1{'}o_1$	entrée
$o_1op_1s_4$	$c_1{''}o_1$	sortie
op_2s_4	c_3o_1	opération
$i_1op_2s_4$	$c_3{'}o_1$	entrée
$o_1op_2s_4$	$c_3{''}o_1$	sortie
op_1s_5	c_1o_2	opération
$i_1op_1s_5$	$c_1{'}o_2$	entrée
$o_1op_1s_5$	$c_1{''}o_2$	sortie

TAB. 4.2 – Le fichier mapping

Dans la suite, nous allons :
- donner la requête avec le vocabulaire de l'ontologie (comme dans [SVSM03])
- voir le résultat de la recherche sans l'algorithme
- donner la requête syntaxique
- donner une table de similarité des concepts de la requête aux concepts ontologiques
- voir le résultat en appliquant l'algorithme
- montrer la différence

Si la requête est écrite avec le vocabulaire de l'ontologie (sémantique) :
$R = c_1 o_1 \ c_1{}' o_1 \ c_1{}'' o_1$

> $\Rightarrow$ les services recherchés avec la requête R sont : S_1 et S_4.

Si par contre, la requête est écrite avec le vocabulaire de WSDL (syntaxique) :

* **Requête :**

$R = o_1 e_1 s_1$

* **Similarité :**

Concepts de la requête	Concepts ontologiques
o_1	$c_1 o_1,\ c_1{}' o_1,\ c_4 o_1,\ c_1 o_2$
e_1	$c_1{}' o_1,\ c_4{}' o_1,\ c_1{}'' o_2,\ c_1{}' o_2$
s_1	$c_1{}'' o_1,\ c_3 o_1,\ c_4{}'' o_1,\ c_1{}'' o_2$

TAB. 4.3 – Table de Similarité

En appliquant l'algo de construction de requêtes sémantiques *(ARS)*, on obtient la requête suivante :

$R = c_1 o_1 \ c_1{}' o_1 \ c_1{}'' o_1 + c_4 o_1 \ c_4{}' o_1 \ c_4{}'' o_1 + c_1 o_2 \ c_1{}' o_2 \ c_1{}'' o_2$

$= c_1 o_1 \ c_1{}' o_1 \ c_1{}'' o_1 \cup c_4 o_1 \ c_4{}' o_1 \ c_4{}'' o_1 \cup c_1 o_2 \ c_1{}' o_2 \ c_1{}'' o_2$

$= R_1 \cup R_2 \cup R_3$ telles que les requêtes R_1, R_2, R_3 sont écrites avec le vocabulaire de l'ontologie, et la découverte de services avec ces requêtes est très sûre car les concepts de ces requêtes sont obtenus à partir du fichier de mapping pas directement dans les ontologies.

> $\Rightarrow$ les services recherchés avec la requête R sont : S_1, S_3, S_4 et S_5.

> On remarque bien que l'écriture de la requête avec le vocabulaire de WSDL et la construction de la requête sémantique (4 services découverts) est plus important que l'écriture de la requête directement avec le vocabulaire de l'ontologie (2 services découverts).

4.5 Conclusion

Le domaine des services Web sémantiques est très récent, plusieurs approches ont vu le jour, le problème est dans la validation effective, avec des cas réels, qui nécessite un temps considérable pour pouvoir réunir les éléments nécessaires, à savoir la collecte du maximum de descriptions de services Web, un certain nombre d'ontologies existantes appropriées et les algorithmes de similarité et de mapping. Dans ce chapitre, nous avons seulement tester notre solution avec un exemple plus général pour montrer son intérêt par rapport aux autres techniques. Pour généraliser et comme perspective nous devons tester avec plusieurs descriptions de services Web et comparer avec les autres techniques citées dans le chapitre III.

Conclusion Générale

D ANS ce travail nous avons proposé une architecture d'annotation sémantique dans le cadre des services Web et un algorithme pour la construction de requêtes sémantiques en utilisant la requête syntaxique et les fichiers de mapping des concepts de description des services Web avec les concepts ontologiques. Pour voir l'avantage de notre solution par rapport à celles proposées (écriture de la requête avec le vocabulaire de WSDL puis la construction de requêtes sémantiques au lieu de l'écriture de la requête directement avec les concepts ontologiques) nous avons donné un exemple où on a expliqué l'intérêt de notre solution.

Comme il n'existe pas d'approche d'annotation sémantique standard dans le cadre des services Web alors les perspectives ne peuvent être que nombreuses. Tout d'abord valider notre solution avec des cas réels (des descriptions WSDL et des ontologies existantes), proposer un algorithme de découverte sémantique de services Web. Et puis penser à une approche qui est celle d'ajouter d'autres concepts, à WSDL, permettant une meilleure découverte de services.

Bibliographie

[ABH+01] A. Ankolekar, M. Burstein, J. R. Hobbs, O. Lassila, D. L. Martin, S. A. McIlraith, S. Narayanan, M. Paolucci, T. Payne, K. Sycara, and H. Zeng. Daml-s : Semantic markup for web services. In *Proceedings of the International Semantic Web Workshop*, 2001.

[ABH+02] Anupriya Ankolekar, Mark Burstein, Jerry R. Hobbs, Ora Lassila, Drew McDermott, David Martin, Sheila A. McIlraith, Srini Narayanan, Massimo Paolucci, Terry Payne, and Katia Sycara. Daml-s : Web service description for the semantic web. In *the First International Semantic Web Conference (ISWC)*, Sardinia (Italy), June 2002.

[AFM+05] R. Akkiraju, J. Farrell, J. Miller, M. Nagarajan, M. Schmidt, A. Sheth, and K. Verma. Web service semantics - wsdl-s. Technical Note version 1.0, A joint UGA-IBM, April 2005.

[BCEE05] B.J-F BAGET, E. Canaud, and M-S Hacid E.J EUZENAT. Les langages du web sémantique. *Information - Interaction &#8211, Une Revue en Sciences du Traitement de l'Informa ()*, 2005.

[BLHL01] Tim Berners-Lee, James Hendler, and Ora Lassila. The semantic web. *Scientific American*, May 2001.

[Cer02] Ethan Cerami. *Web Services Essentials - Distributed Applications with XML-RPC, SOAP, UDDI & WSDL*. O'Reilly, February 2002.

[Cha04] Yasmine Charif. Interactions sur le fonctionnement entre services sémantiques actifs. Dea miash, Paris V, 2004.

[CJ02] David Chappell and Tyler Jewell. *Java Web Services*. O'Reilly, March 2002.

[CNW04] Francisco Curbira, William A. Nagy, and Sanjiva Weerawarana. Web services : Why and how. In *proceedings of OOPLSA 2001 workshop on Object-Oriented Web services*, Florida, USA, 2001. referenced in [Mel04].

[Dal04] Gautier Dallons. Daml-s : interactions, critique et évaluation. In *Mini-Workshop "Systèmes Coopératifs. Matière Approfondie"*, Institut d'informatique des FUNDP, université de Namur, Belgique, 2004.

[DFH06]   Janet Daly, Marie-Claire Forgue, and Yasuyuki Hirakawa. Semantic anno-
          tations for wsdl working group launched. In *W3C Renews Web Services
          Activity, Expanding Work*, 2006.

[DJ02]   E. Desmontils and C. Jacquin. Annotation sur le web : notes de lecture.
          Journées de l'AS-CNRS Web sémantique, octobre 2002.

[DJZB05] Zhang Duo, Li Juan-Zi, and Xu Bin. Web service annotation using onto-
          logy mapping. In *Proceedings of the 2005 IEEE International Workshop
          on Service-Oriented System Engineering (SOSE 2005)*, pages 235 – 242,
          Department of Computer Science and Technology, Tsinghua University,
          P.R.China, 100084, October 2005.

[DOS03]   Michael C. Daconta, Leo J. Obrst, and Kevin T. Smith. *The Semantic
          Web : A Guide to the Future of XML, Web Services, and Knowledge Ma-
          nagement*. Wiley, library of congress edition, 2003.

[EAA⁺04] Mark Endrei, Jenny Ang, Ali Arsanjani, Sook Chua, Philippe Comte, Pal
          Krogdahl, Min Luo, and Tony Newling. *Service-Oriented Architecture and
          Web Services*. Patterns, first edition, April 2004.

[Hac05]   Mohand-Saïd Hacid. Web services. In *Colloque international sur l'opti-
          misation et les systèmes d'information (COSI 05)*, université de BEJAIA,
          juin 2005.

[KDK04]   Khaled KHELIF and Rose DIENG-KUNTZ. Web sémantique et mémoire
          d'expériences sur les biopuces. In *Web Sémantique Médical (WSM'2004)*,
          Rouen, mars 2004.

[KPT⁺05] Atanas Kiryakov, Borislav Popov, Ivan Terziev, Dimitar Manov, and Da-
          myan Ognyanoff. Semantic annotation, indexing, and retrieval. *Journal of
          Web Semantics*, 2(1) :number of pages : 39, 2005.

[KT04]   Patrick Kellert and Farouk Toumani. Les web services sémantiques. *In-
          formation - Interaction - Intelligence ; Revue en Sciences du Traitement de
          l'Information, Hors Série : Web Sémantique*, 2004.

[Lau02]   Philippe Laublet. Vers le web sémantique. In *Séminaire Ontosaurus*, LA-
          LICC (CNRS - Université de Paris-Sorbonne), Mars 2002.

[LRC02]   Philippe Laublet, Chantal Reynaud, and Jean Charlet. Sur quelques as-
          pects du web sémantique. *Assises du GDR I3, Editions Cépadues, Nancy*,
          décembre 2002.

[Mel04]   Tarek Melliti. *Interopérabilité des services Web complexes. Application aux
          systèmes multi-agents*. PhD thesis, université Paris IX Dauphine, décembre
          2004.

[New02] Eric Newcomer. *Understanding Web Services- XML, WSDL, SOAP and UDDI*. Independent Technology Guides. Addison Wesley Professional, 1st edition, May 2002.

[Per05] Olivier Perrin. Vers les services web sémantiques. *Journal d'information du laboratoire Lorrain de recherche en informatique et ses applications, N° 15*, MAI 2005.

[PG03] Yannick Prié and Serge Garlatti. Méta-données et annotations dans le web sémantique. *Rapport de l'action spécifique CNRS-STIC sur le Web sémantique*, décembre 2003.

[PKK+03] Borislav Popov, Atanas Kiryakov, Angel Kirilov, Dimitar Manov, Damyan Ognyanoff, and Miroslav Goranov. Kim - semantic annotation platform. In *2nd International Semantic Web Conference (ISWC2003)*, volume 2870, pages 834–849, Florida, USA, October 2003.

[PKPS02] Massimo Paolucci, Takahiro Kawamura, Terry R. Payne, and Katia Sycara. Semantic matching of web services capabilities. In *Proceedings of International Semantic Web Conference (ISWC)*, 2002.

[Pon04] Julien Ponge. Compatibilité et substitution dynamique des web services. Dea ipim, UFR Recherche scientifique et technique Université Blaise Pascal - Clermont II, Juillet 2004.

[Por04] Christine Porquet. Extraits du hors-serie 2004 " web sémantique ". *de la revue I3, (Information, Interaction, Intelligence), http ://www.revue-i3.org/*, 2004.

[POSV04] Abhijit Patil, Swapna Oundhakar, Amit Sheth, and Kunal Verma. Meteor-s web service annotation framework. In *WWW2004*, New York, USA, May 2004.

[PTB03] T. Pilioura, A. Tsalgatidou, and A. Batsakis. Using wsdl/uddi and daml-s in web service discovery. In *Proceedings of WWW 2003 Workshop on E-Services and the Semantic Web (ESSW' 03)*, Budapest, Hungary, 2003.

[RCL03] Chantal Reynaud, J. Charlet, and Ph. Laublet. Dossier web sémantique. *Bulletin DE L'AFIA (Association Française pour l'Intelligence Artificielle), N°54*, Avril 2003.

[RR04] Ricardo DE LA ROSA-ROSERO. Découverte et sélection de services web pour une application mélusine. Master mathématiques, informatique, Ecole Doctorale Mathématiques, Informatique, Sciences et Technologies de l'Information, Genève (Suisse), 2004.

[SD04] Malika Smaïl and Marie-Dominique Devignes. Les plate-formes intégratives de ressources bioinformatiques mygrid et biomoby dans le contexte des services web. In *Réunion de l'AS 127 : Intégration et Interopérabilité des sources de données génomiques*, Institut Curie, janvier 2004.

[SdF03]   M. Sheshagiri, M. desJardins, and T. Finin. A planner for composing services described in daml-s. In *AAMAS Workshop on Web Services and Agent-Based Engineering*, Melbourne, Australia, July 2003.

[Ser03]   Alexandre Serres. *Evolutions dans la mémoire collective : vers le "Web sémantique"*. © URFIST Bretagne-Pays de Loire, 2002, dernière mise à jour : Février 2003.

[SVSM03] K. Sivashanmugam, K. Verma, A. Sheth, and J. Miller. Adding semantics to web services standards. In *Proceedings of the 1st International Conference on Web Services (ICWS'03), Las Vegas, Nevada*, pages 395 – 401, June 2003.

[Tie05]   PHAN Quang Trung Tien. Ontologies et web services. Travail d'intérêt personnel encadré par le pr. nguyen hong quang, Institut de la Francophonie pour l'Informatique, Hanoï, 2005.

[vdV04]   Eric van der Vlist. Le triptyque soap/wsdl/uddi. *Web Services Convention*, Juin 2004.

Résumé

Proclamé prochaine évolution du Web, le Web sémantique a attiré depuis ces dernières années l'attention de nombreux chercheurs. Il s'agit d'arriver à un Web intelligent, où les informations ne seraient plus stockées mais comprises par les ordinateurs afin d'apporter à l'utilisateur ce qu'il cherche vraiment. Les services Web sémantiques se situent à la convergence de deux domaines de recherche importants qui concernent les technologies de l'Internet, à savoir le Web sémantique et les Web services. Dans ce travail, après un état de l'art sur les services Web, le Web sémantique et les annotations sémantiques, nous avons étudié quelques approches d'annotations sémantiques dans le cadre des services Web. Enfin, nous avons proposé une architecture d'annotation et un algorithme de construction de requêtes sémantiques.

Mots clés : Services Web, Web sémantique, annotations sémantiques, ontologies, SOAP, UDDI, WSDL, DAML-S.

Abstract

Proclaimed the next Web evolution, the semantic Web has attracted the attention of many searchers since these last years. It concerns to arrive to an intelligent Web, were the information would be no more stored but understood by computers in order to bring to the user what he really looks for. The semantic Web services are situated at the convergence of two important research domains which concerns the internet technology, as the semantic Web and the Web services. In this work, after an art state on the Web services, the Web semantic and the semantic annotations, we have studied some semantic annotations approaches in the Web services contest. At last, we have proposed an annotation architecture and an algorithm of construction of semantic queries.

Keywords : Web services, semantic Web, semantics annotations, ontologies, SOAP, UDDI, WSDL, DAML-S.